JUEGOS
PARA LA DEMENCIA
LABERINTOS LIBROS

ActivityCrusades

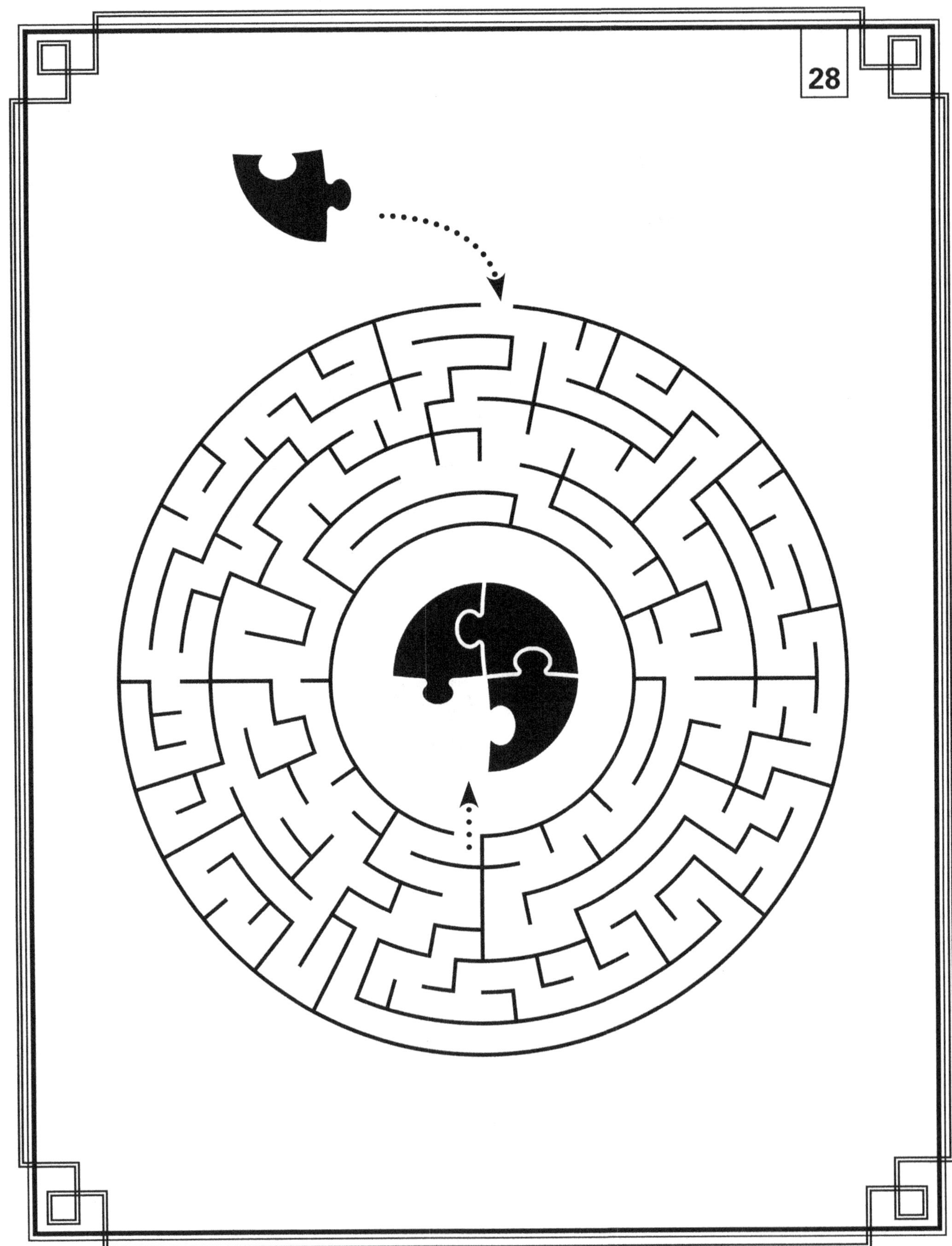

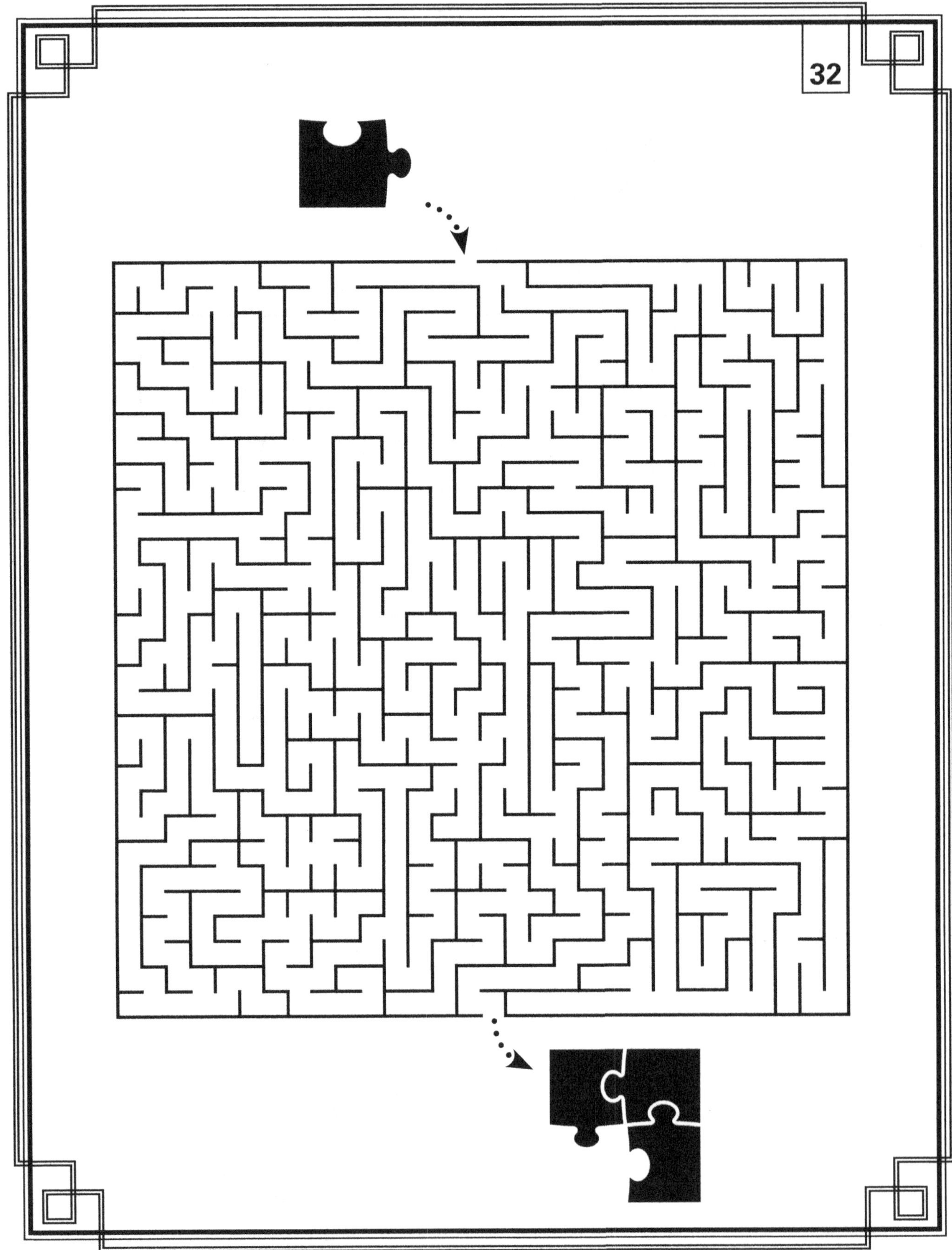

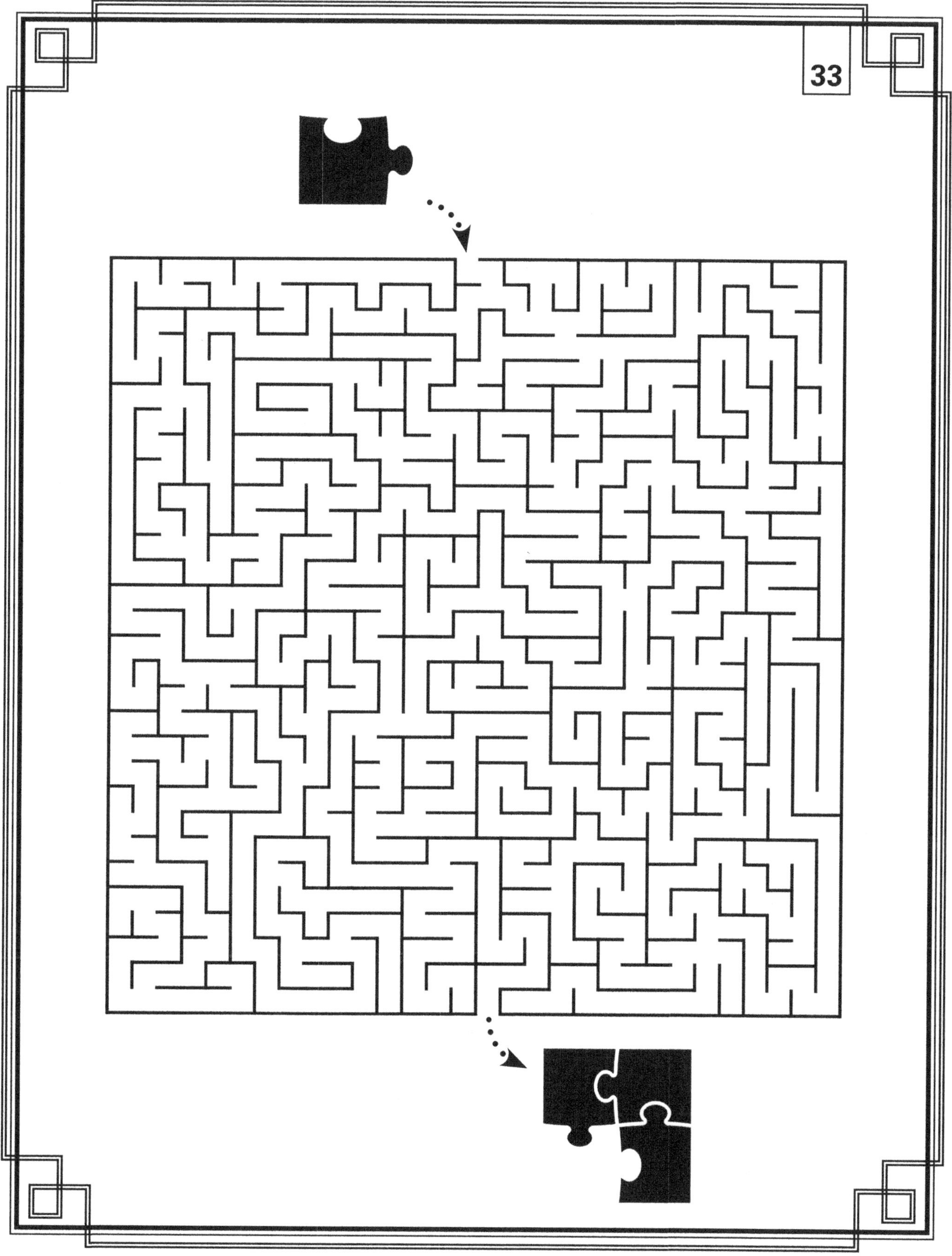

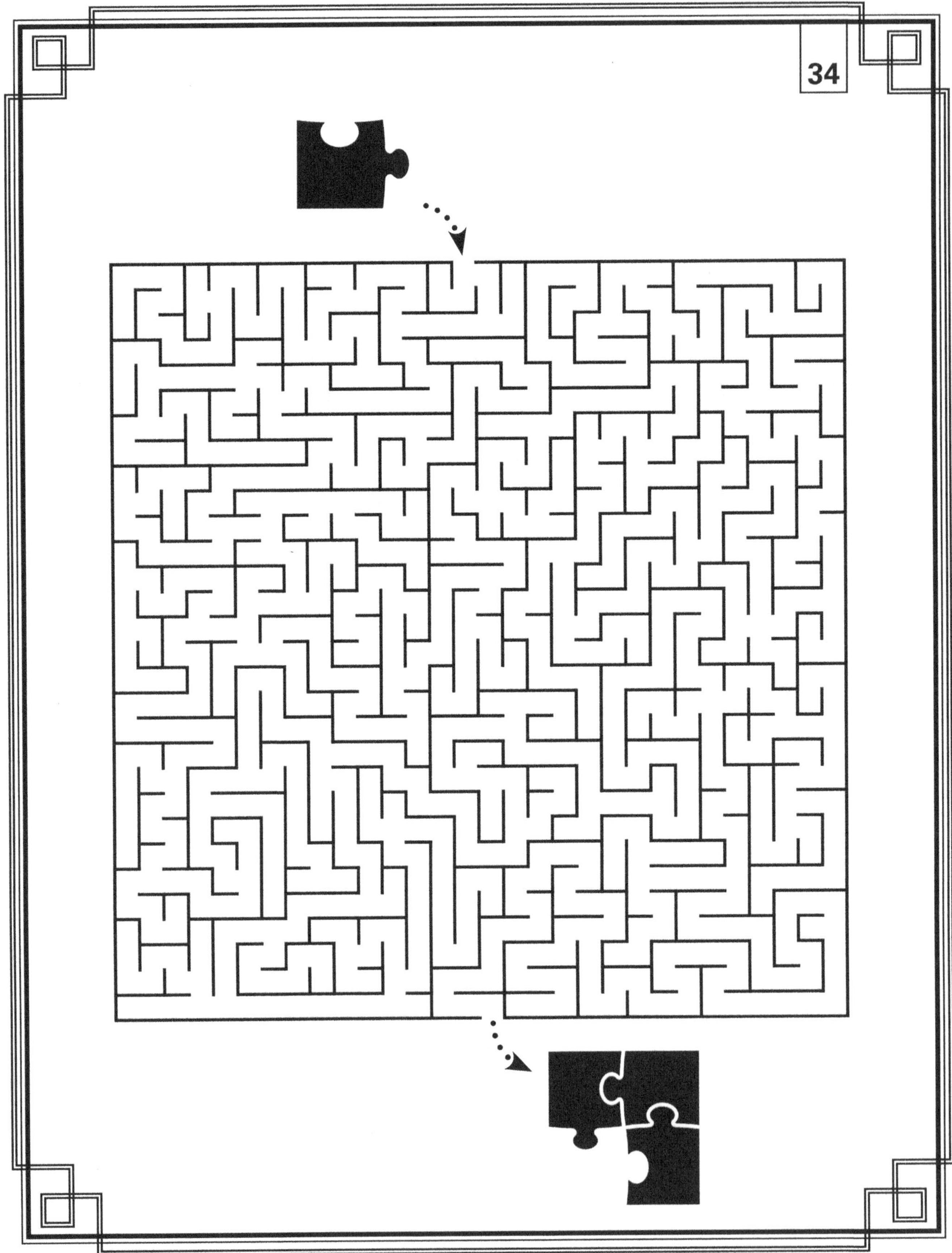

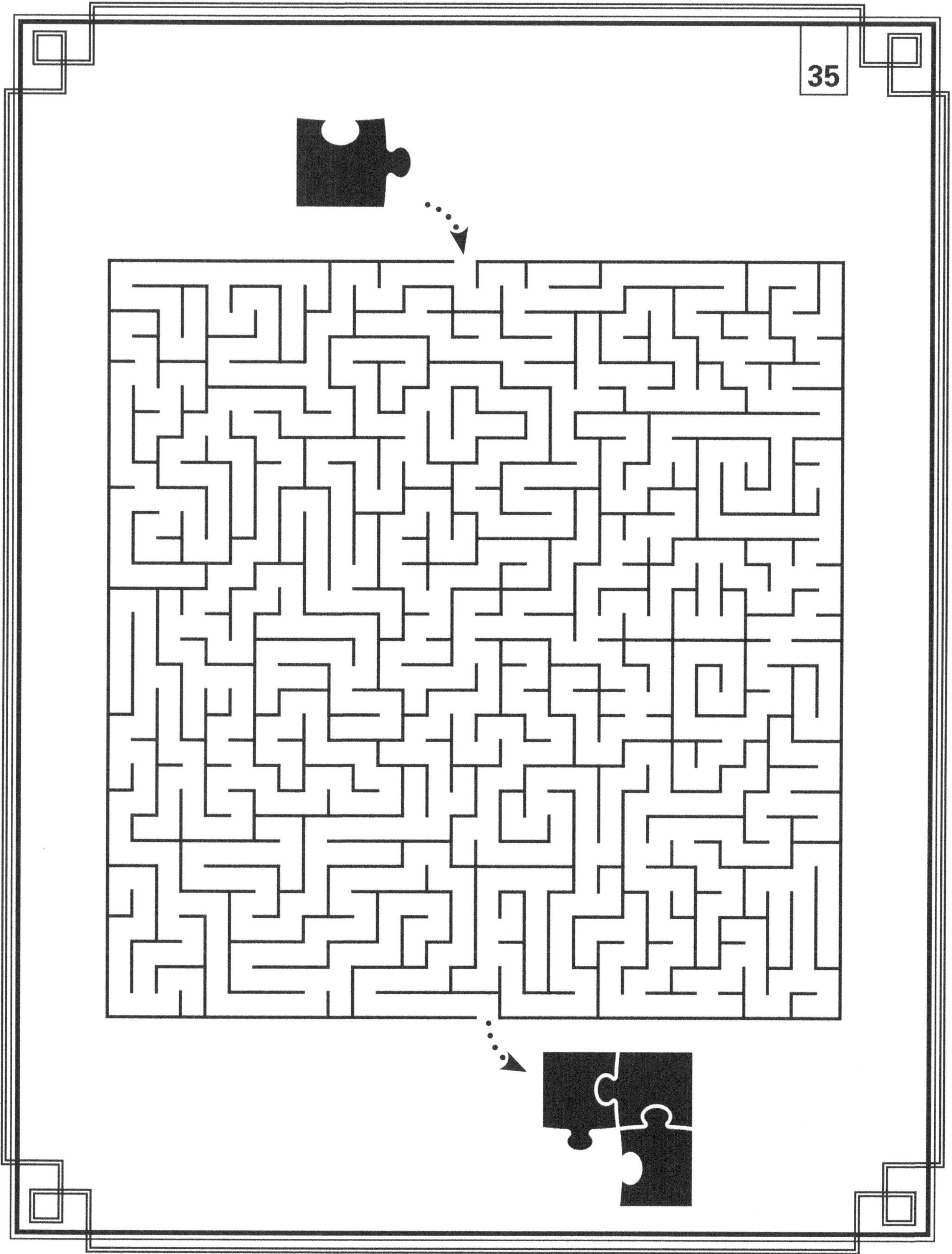

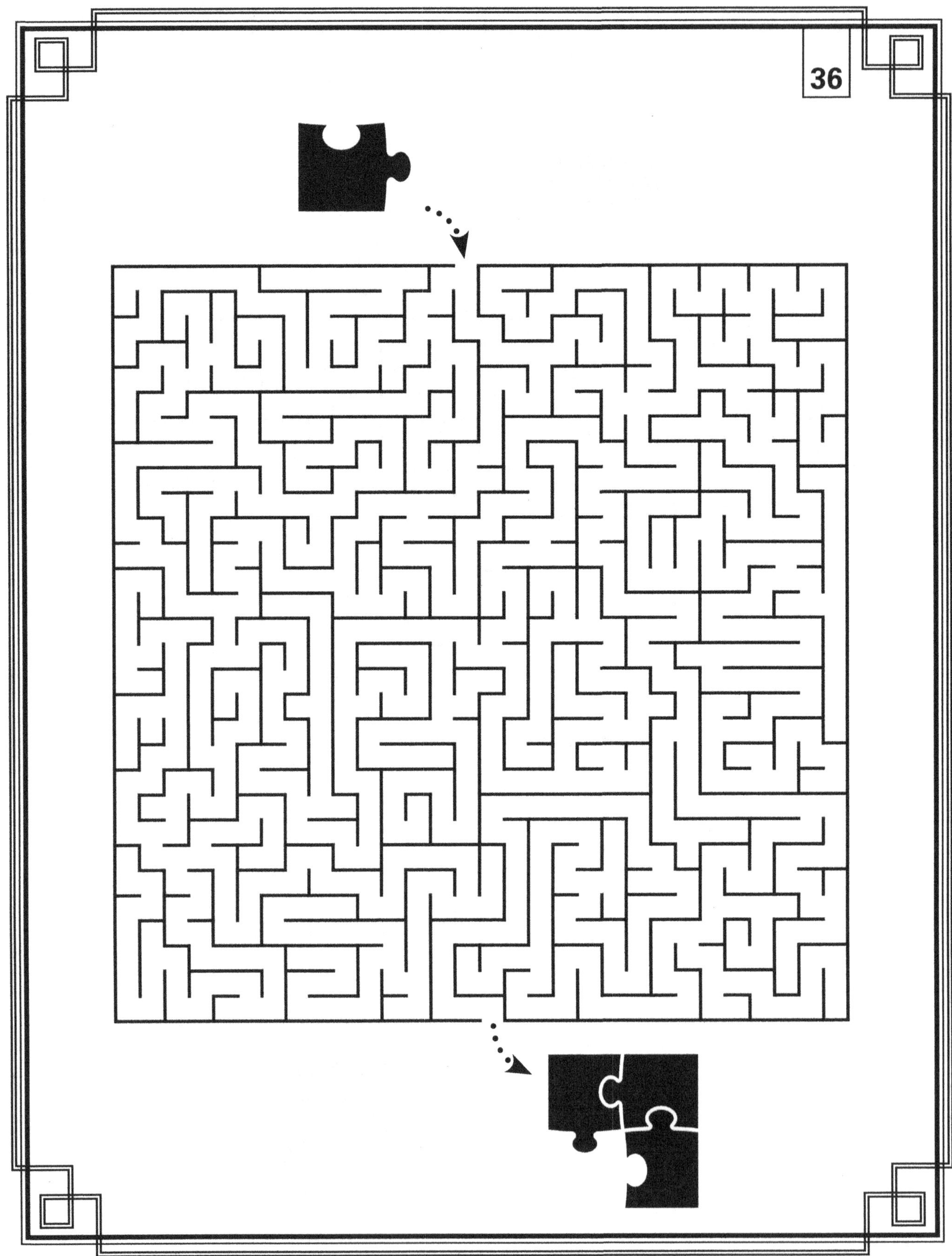

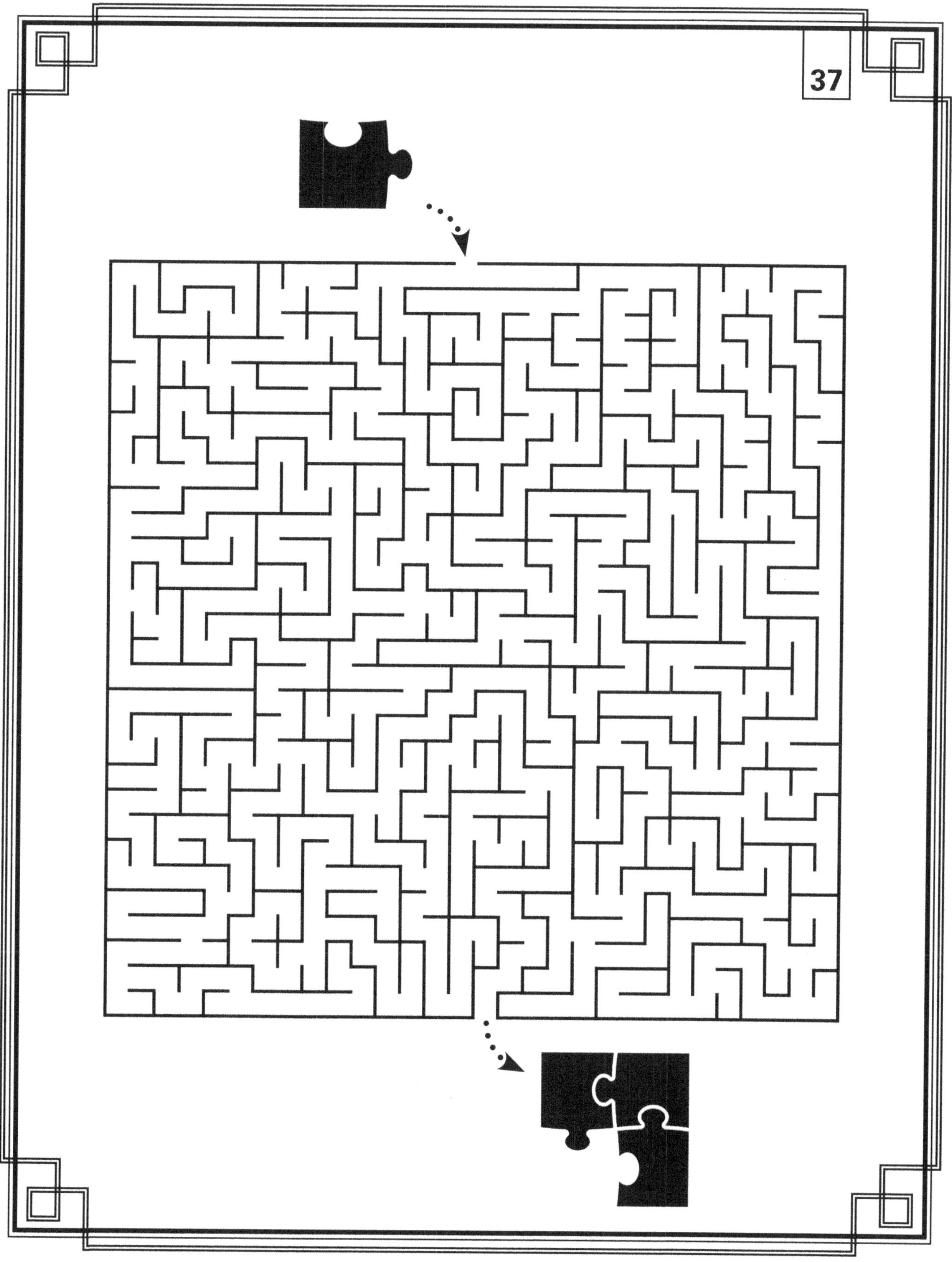

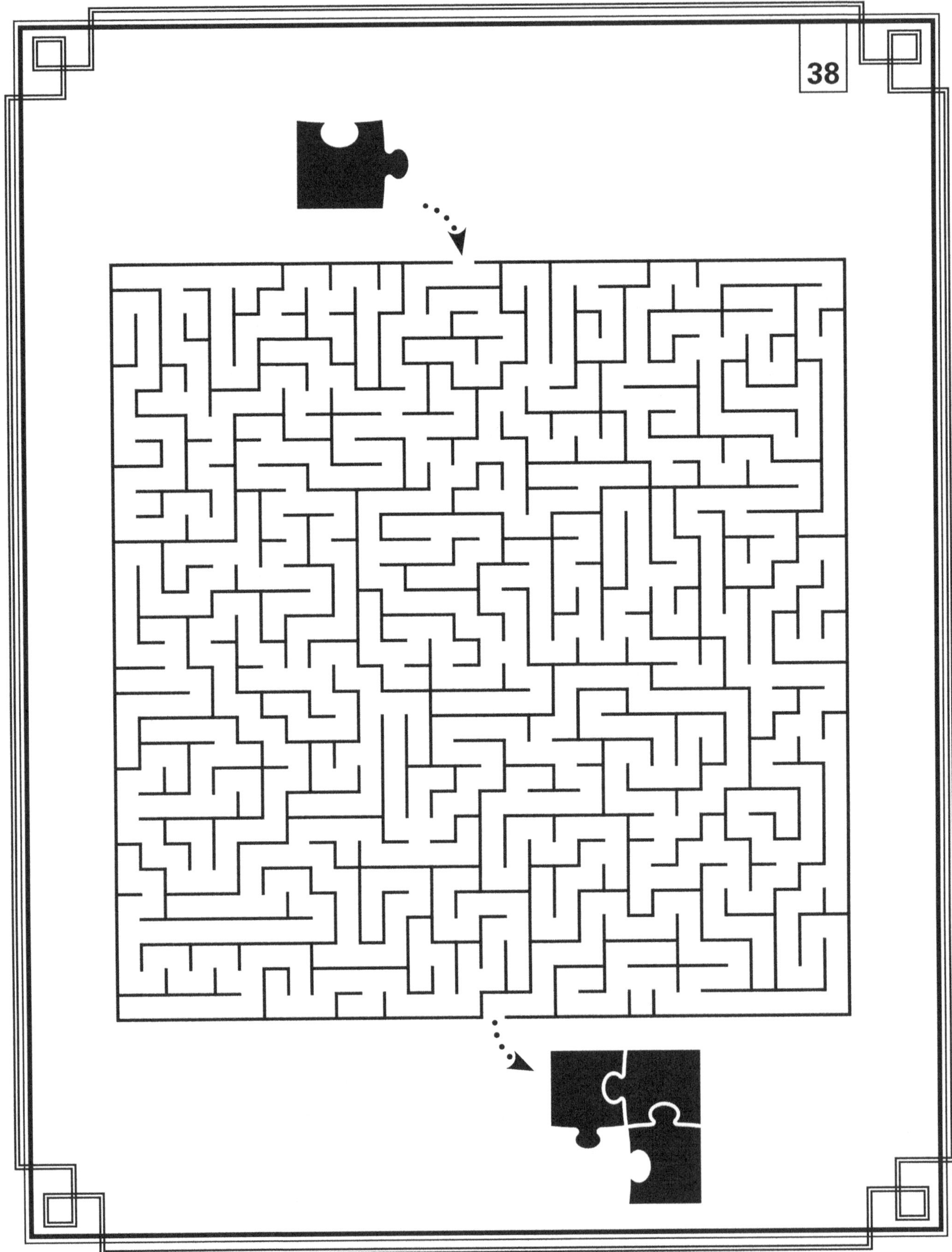

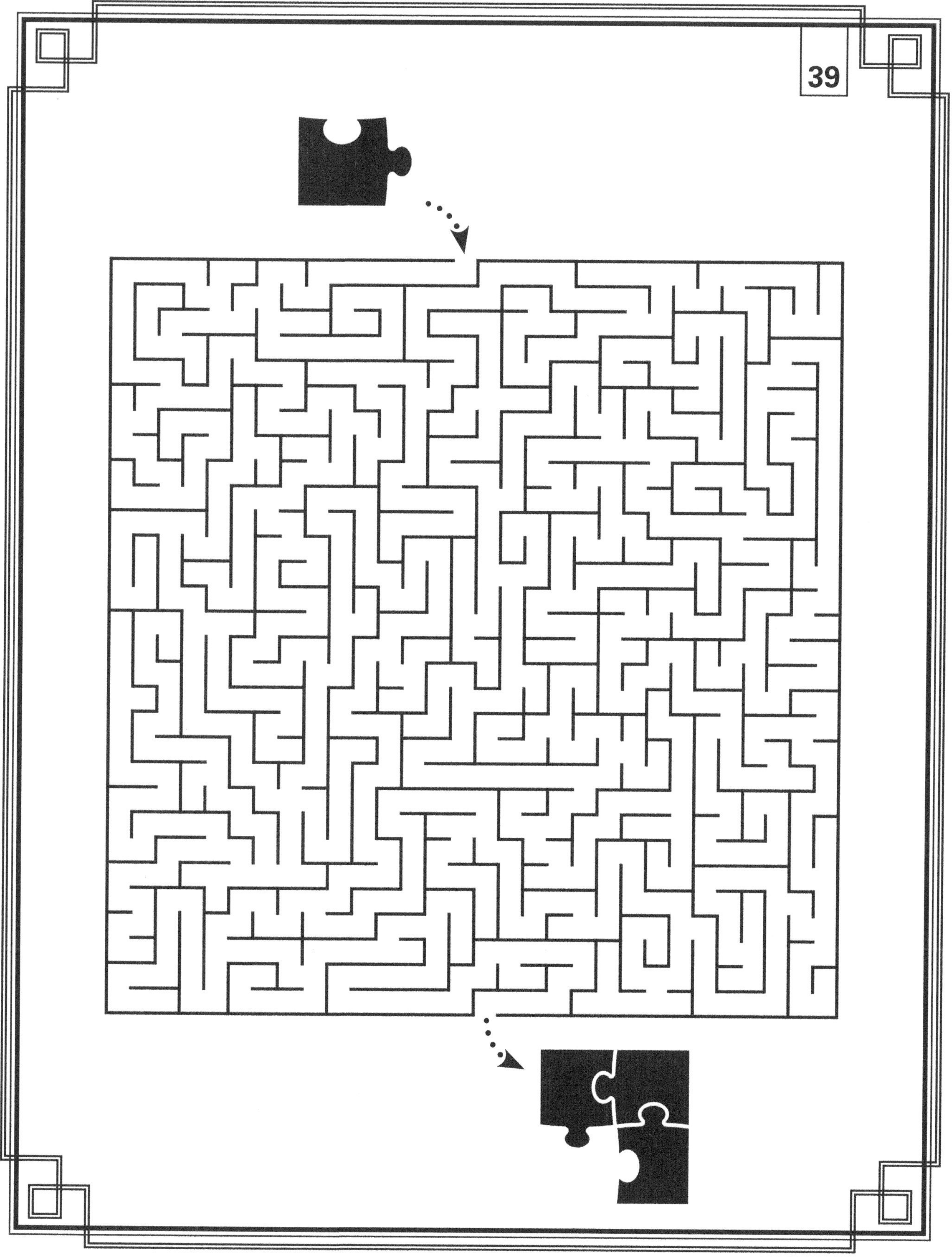

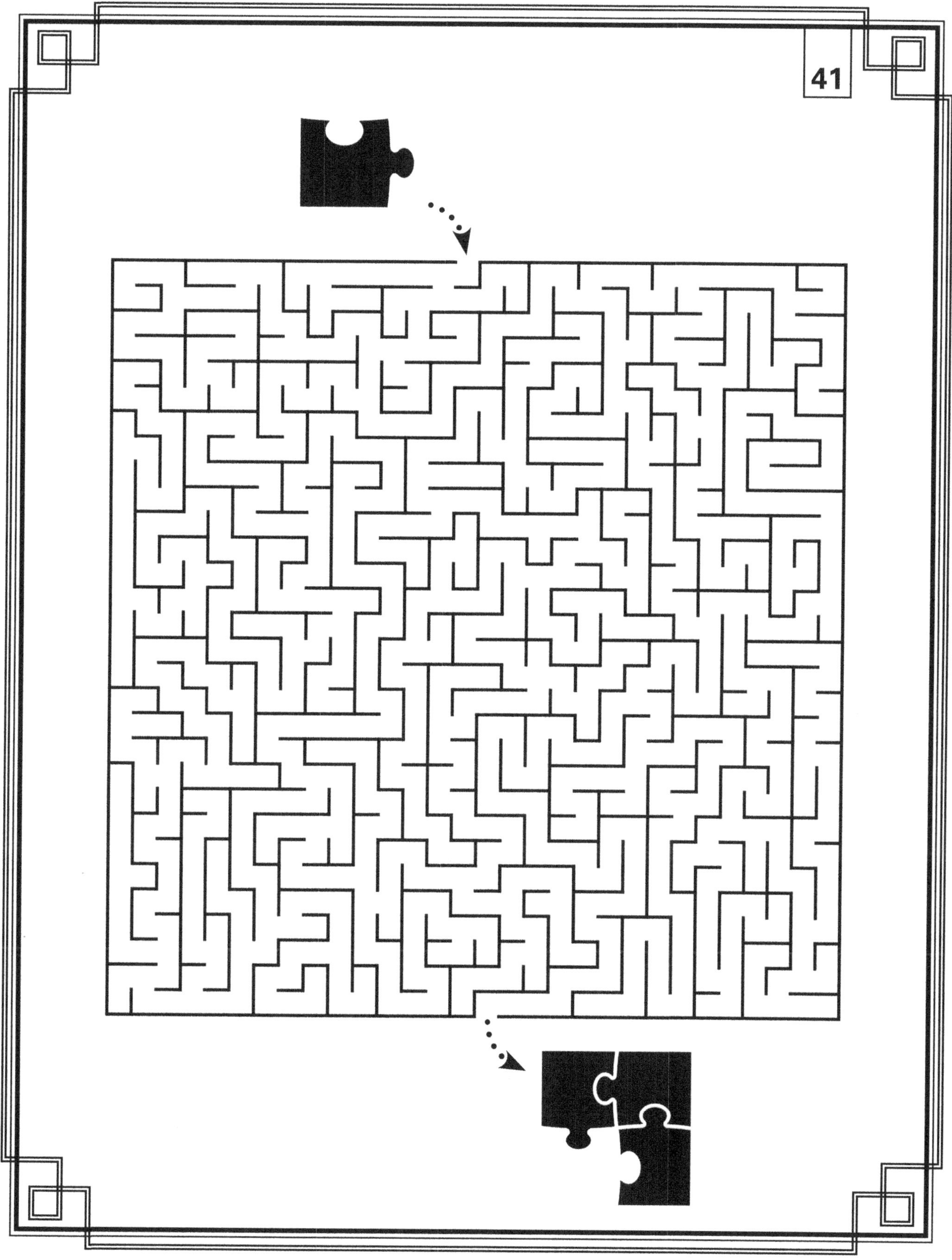

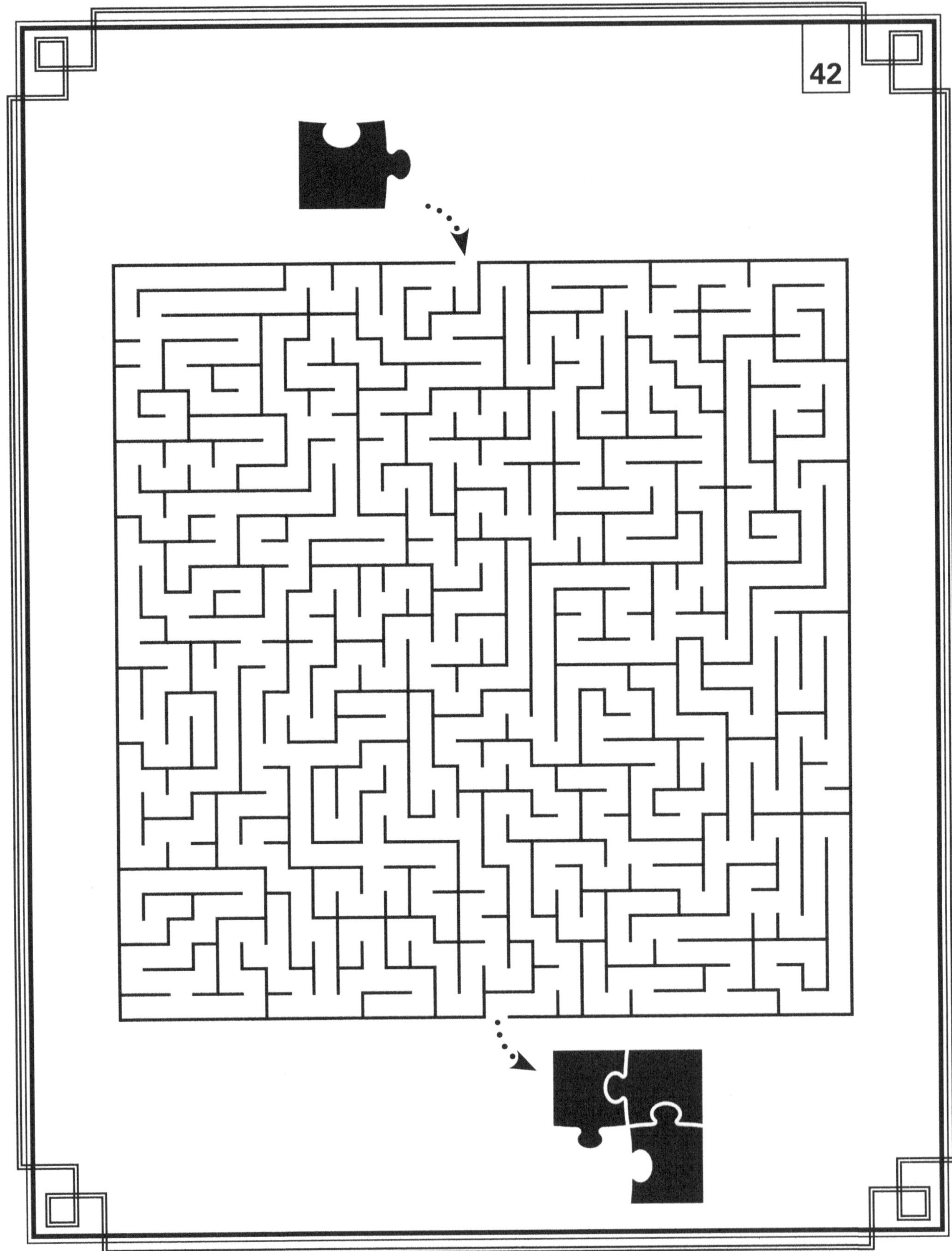

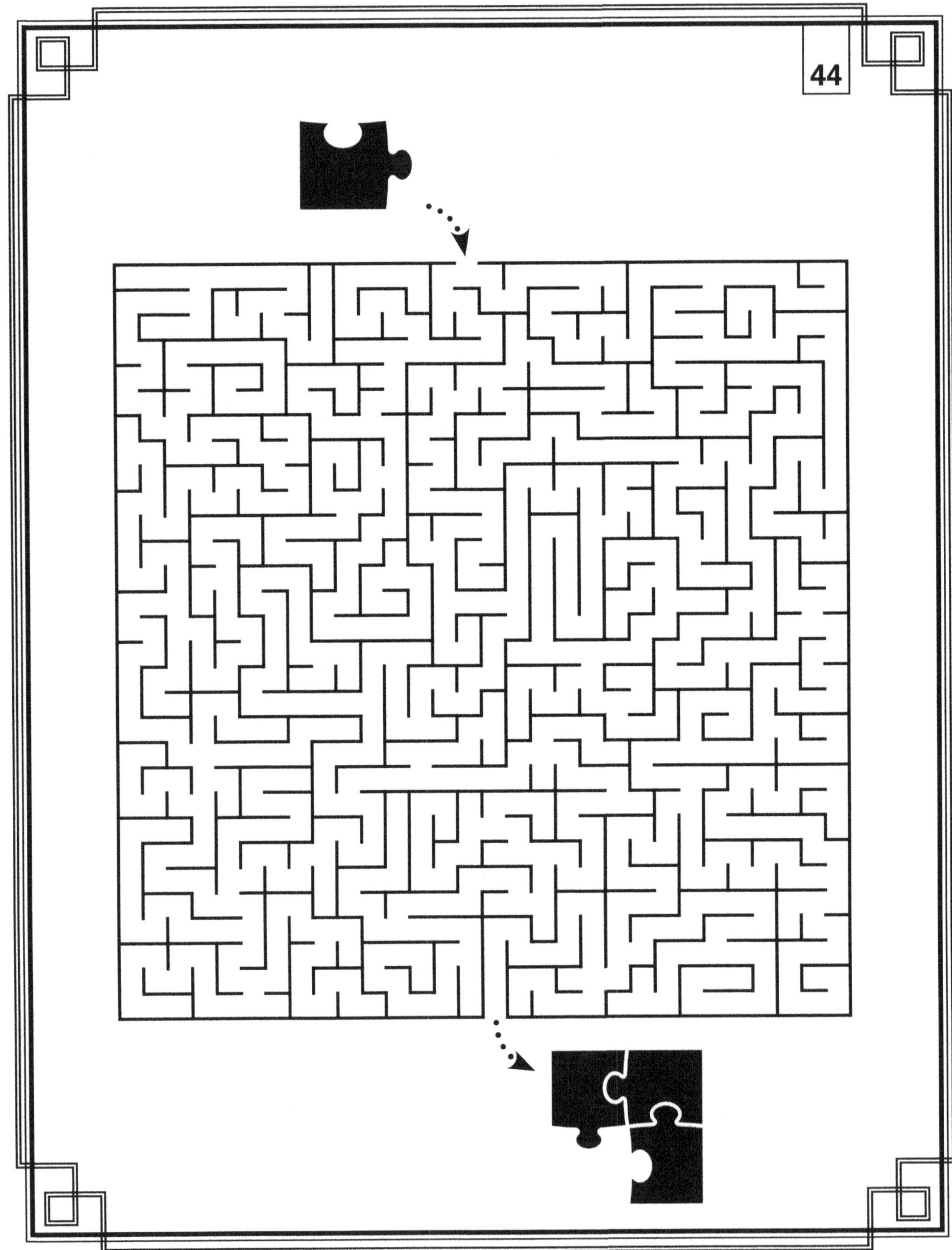

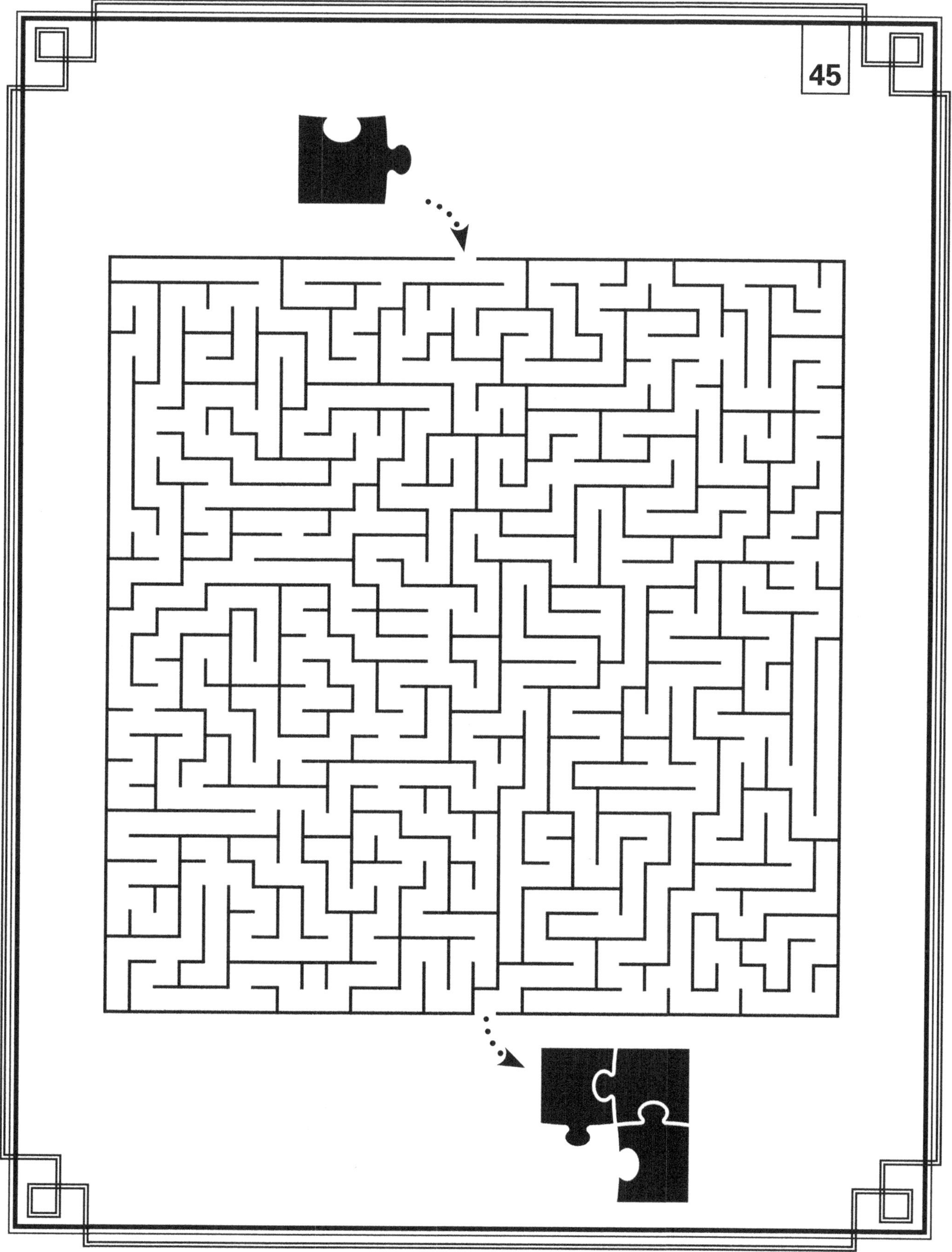

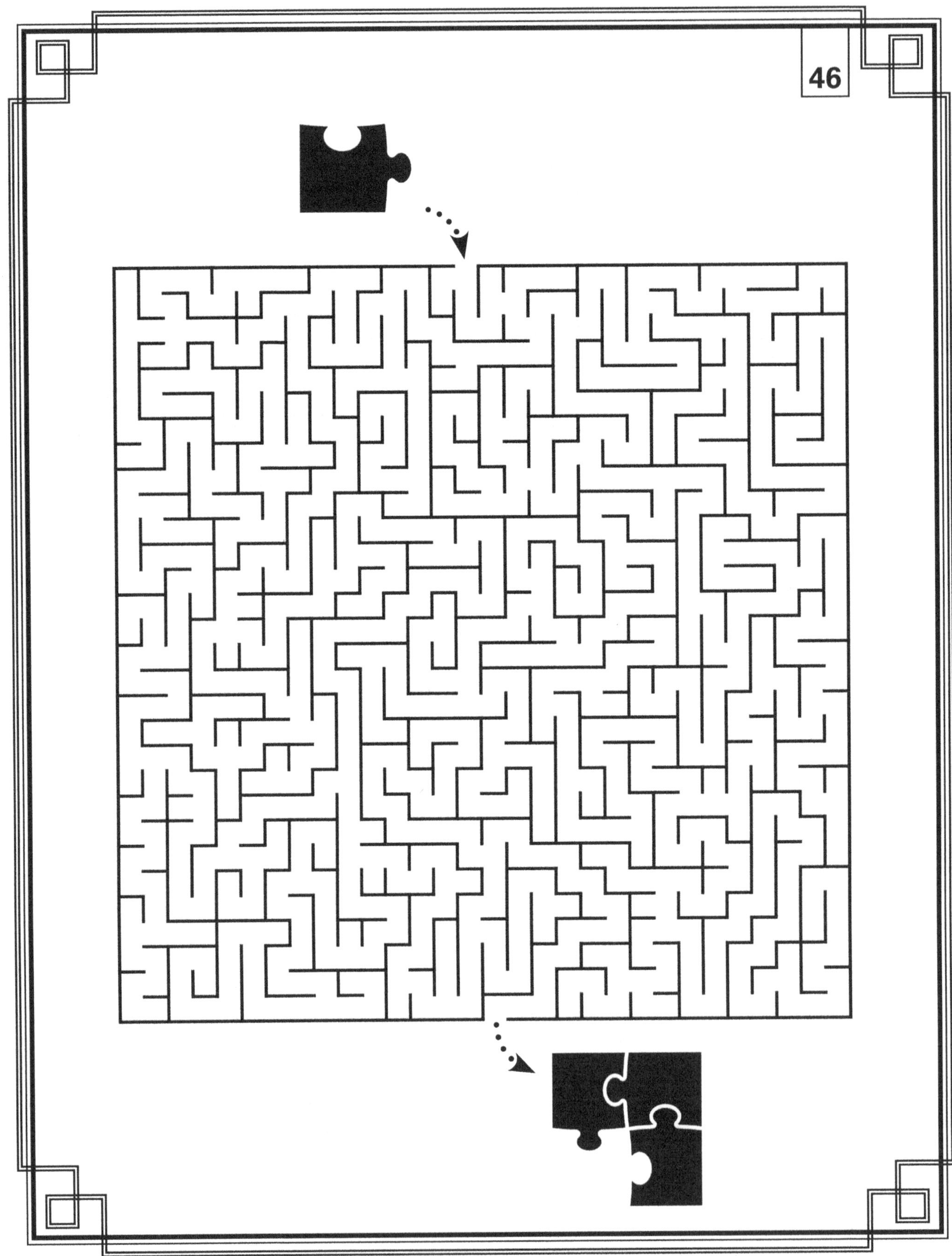

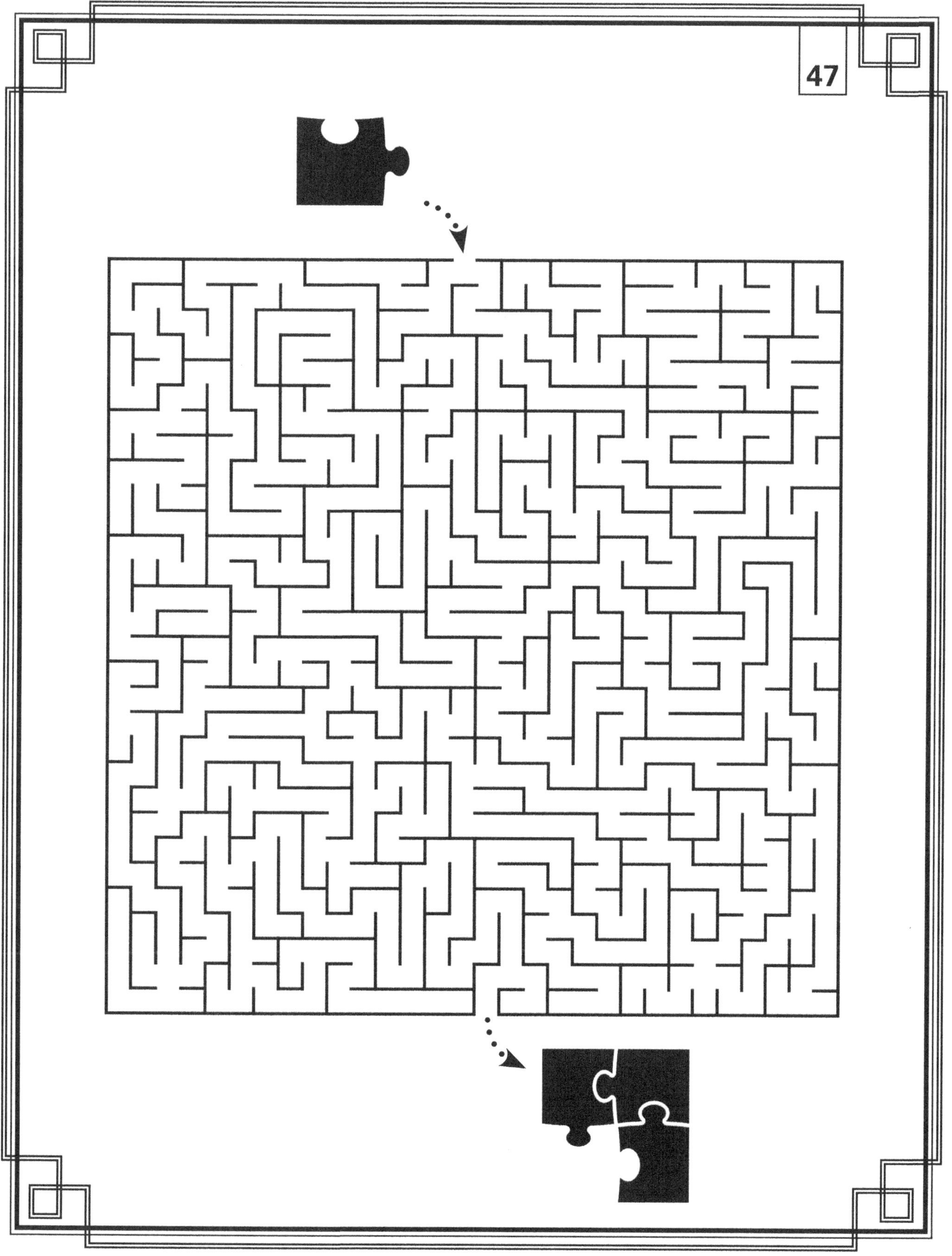

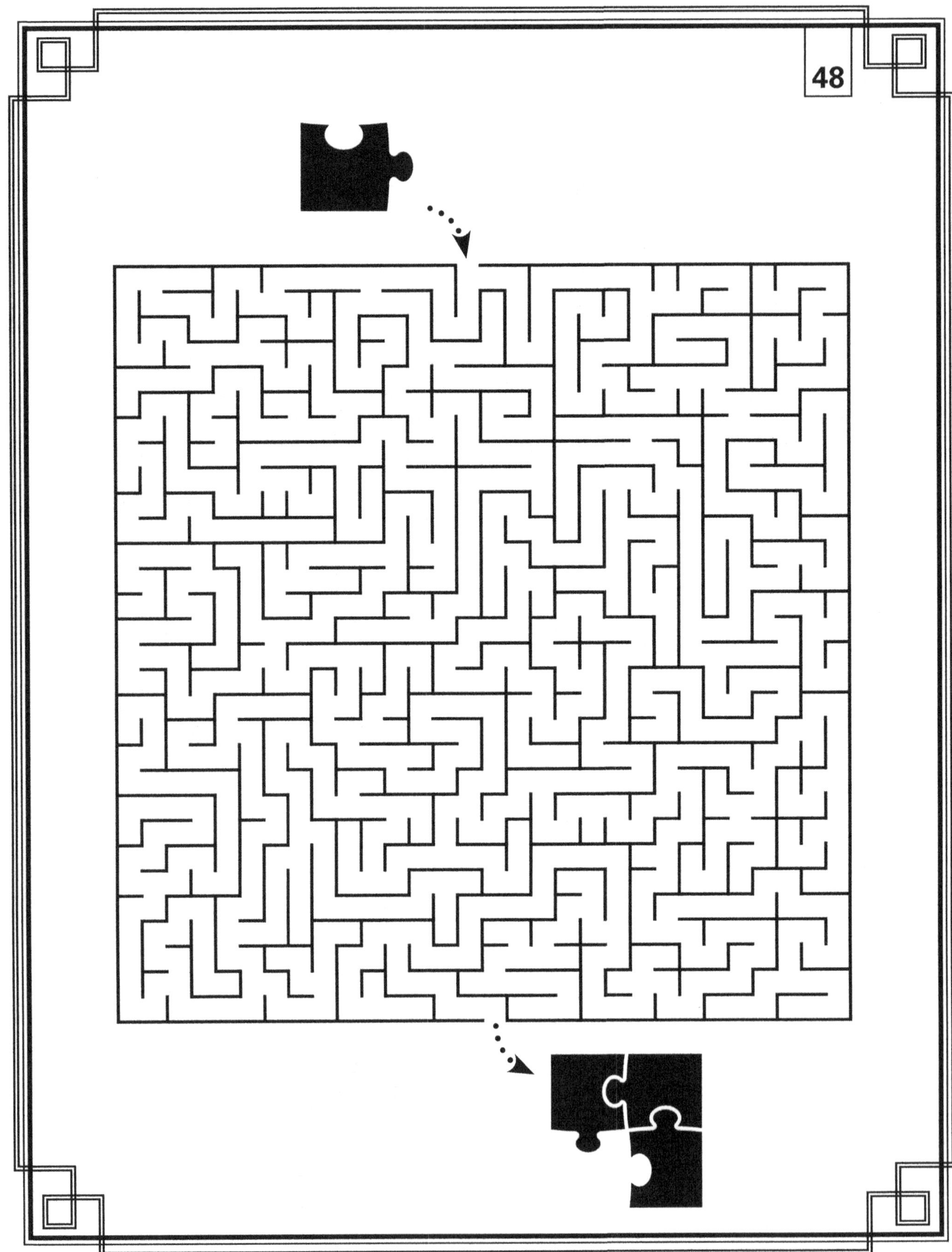

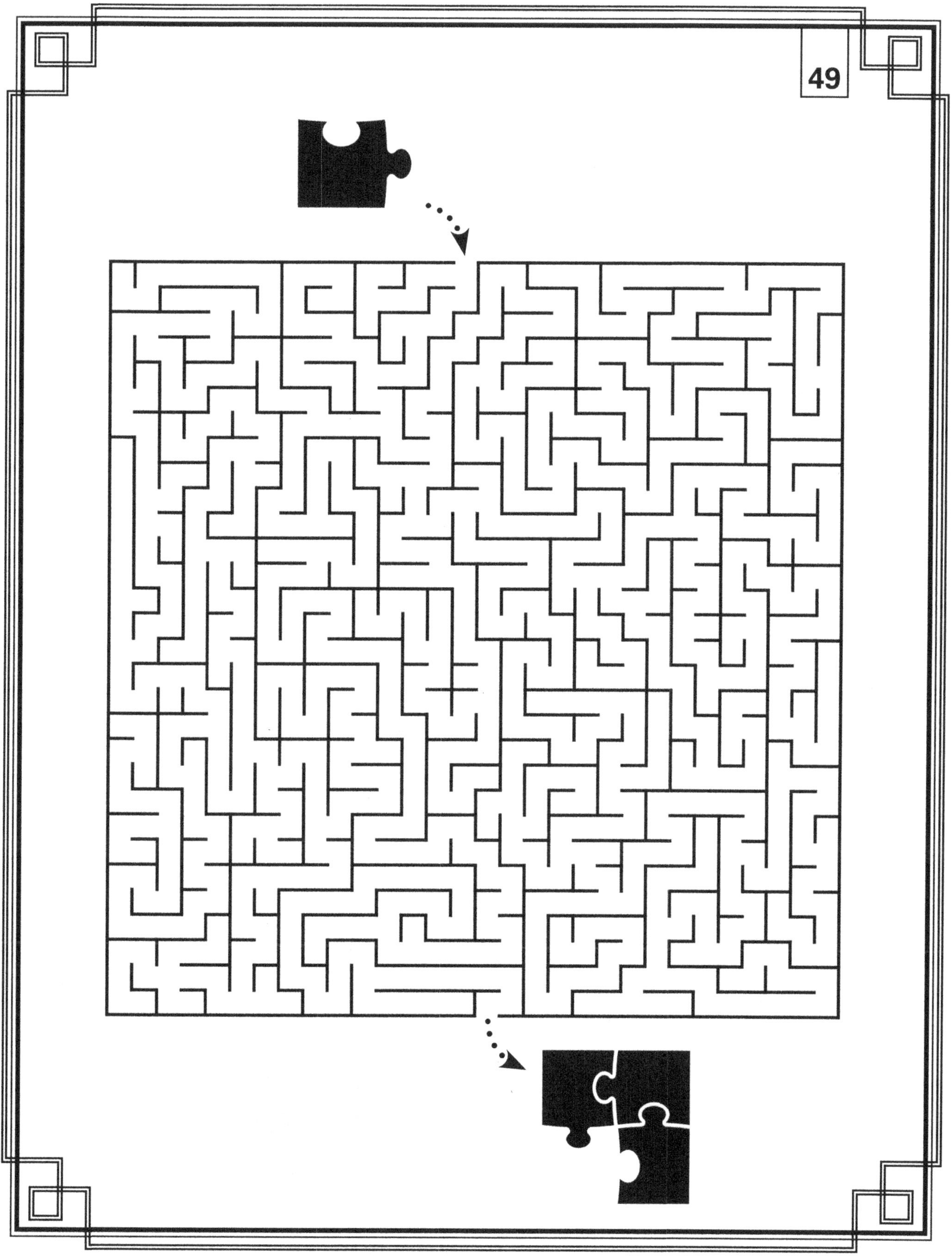

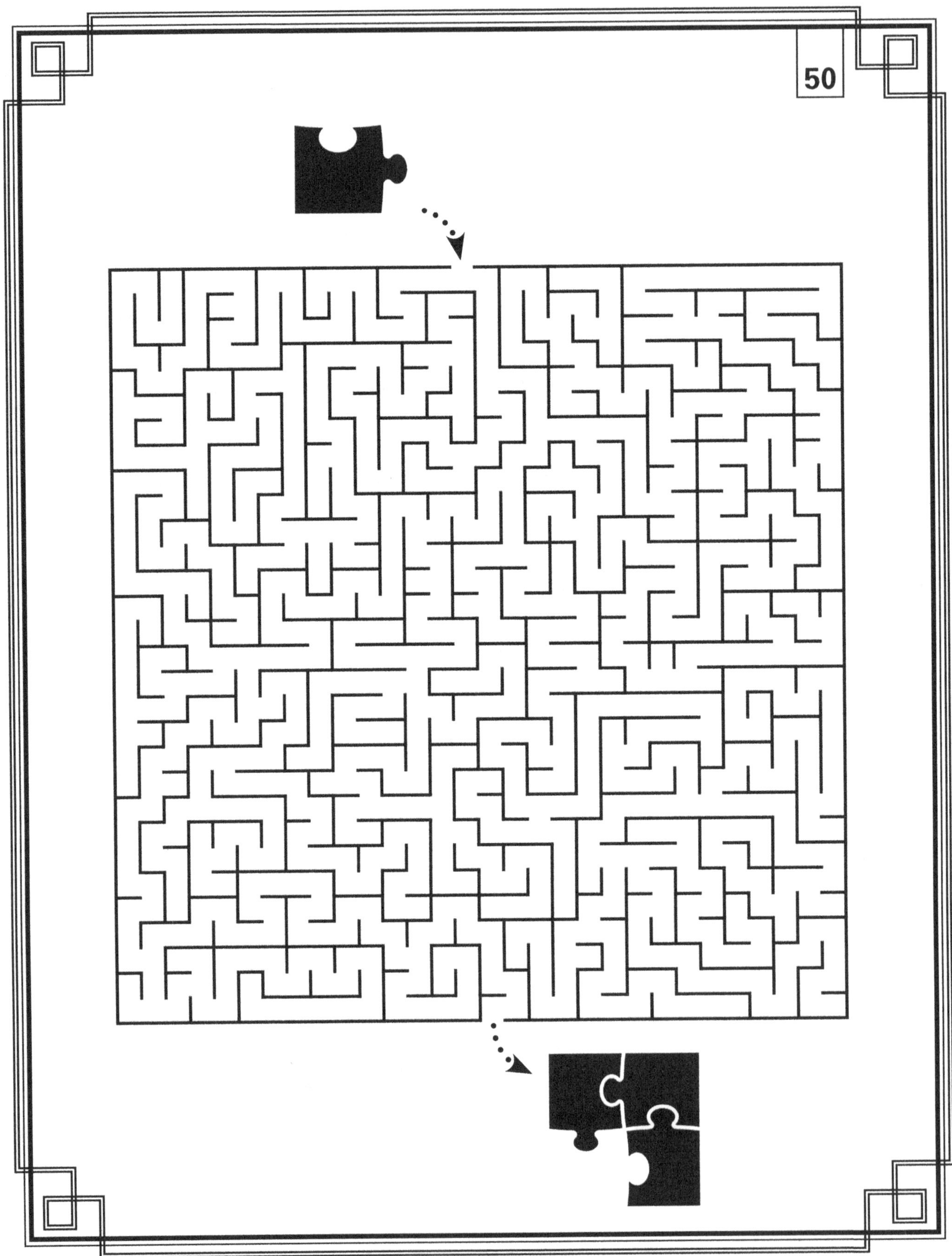

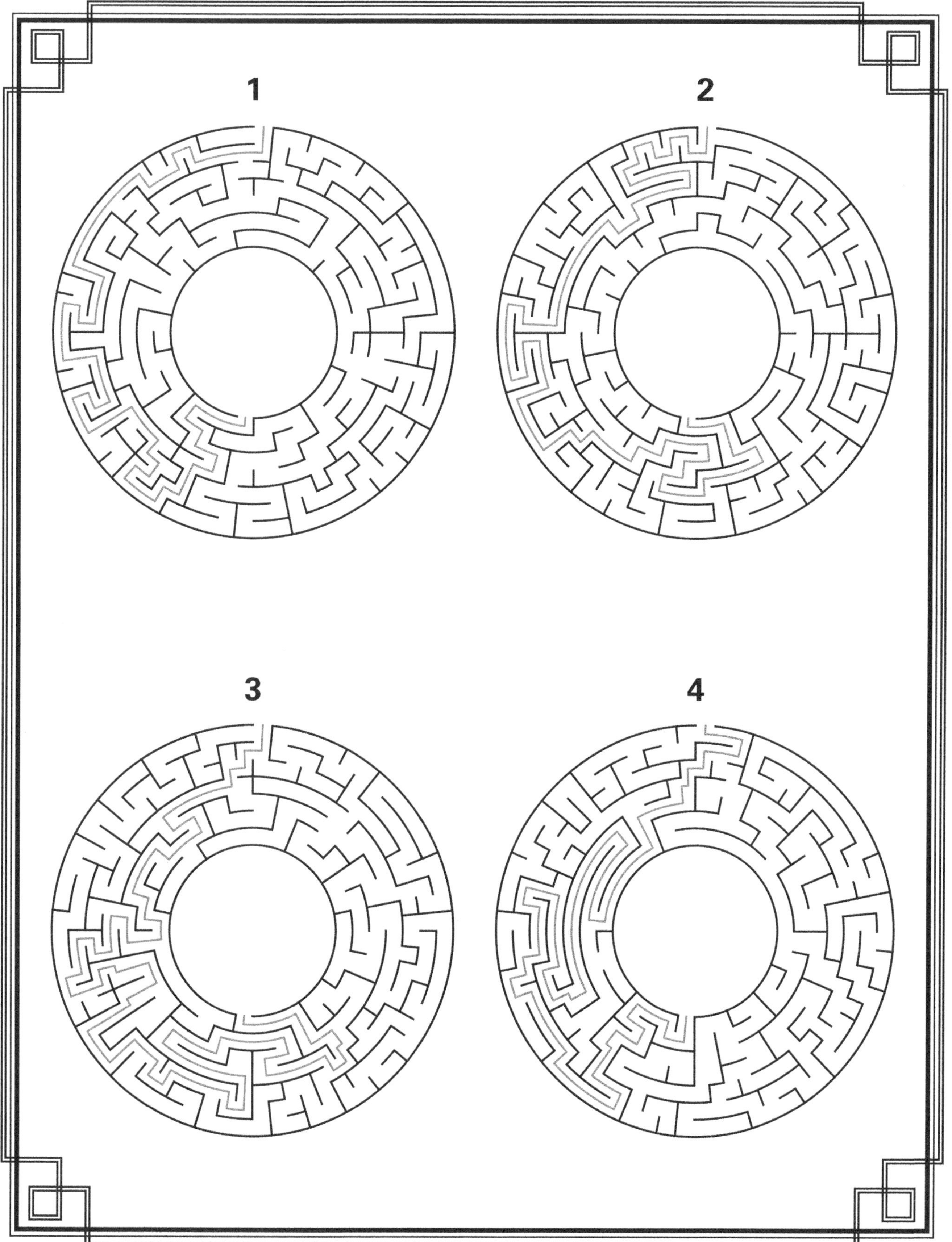
1
2
3
4

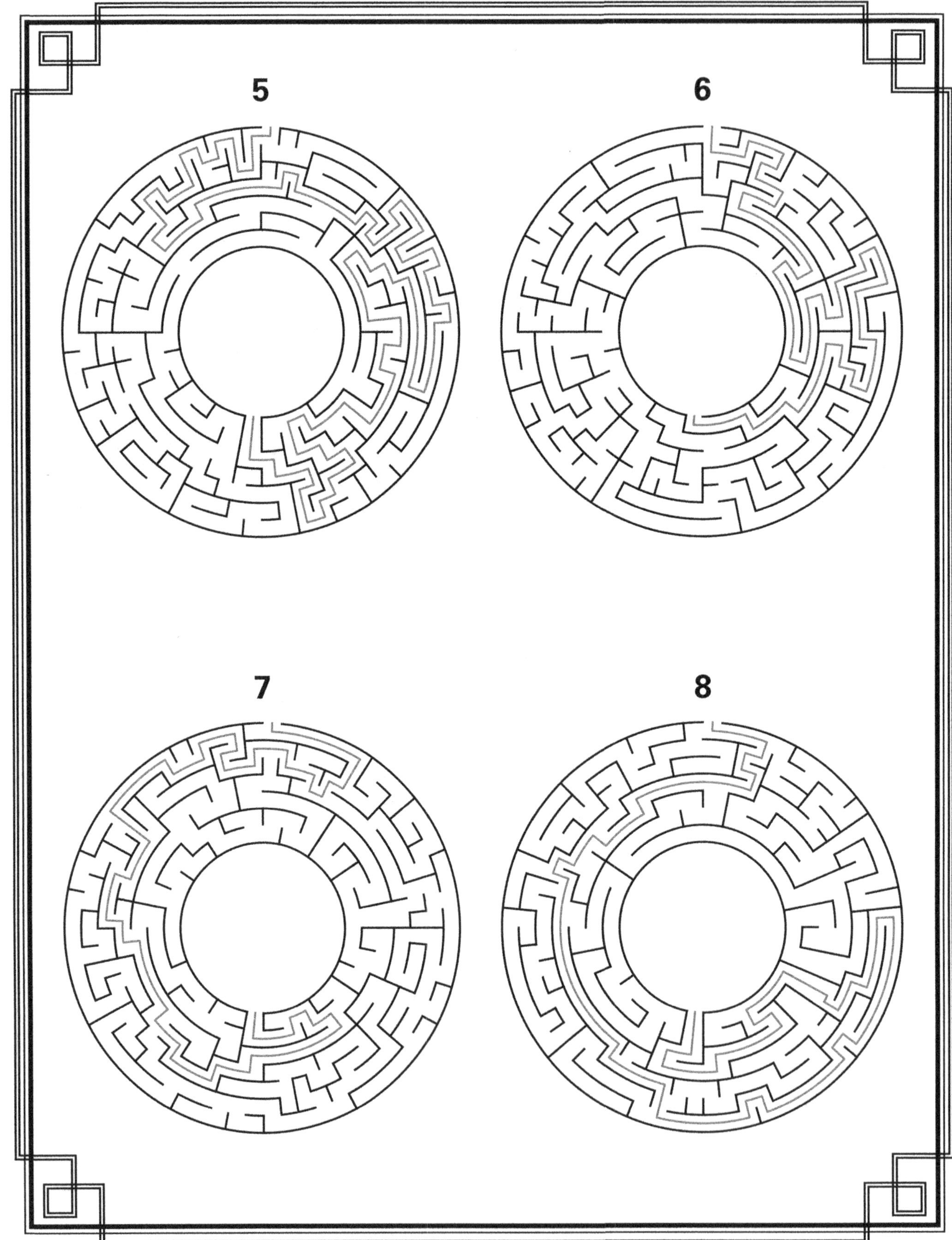
5
6
7
8

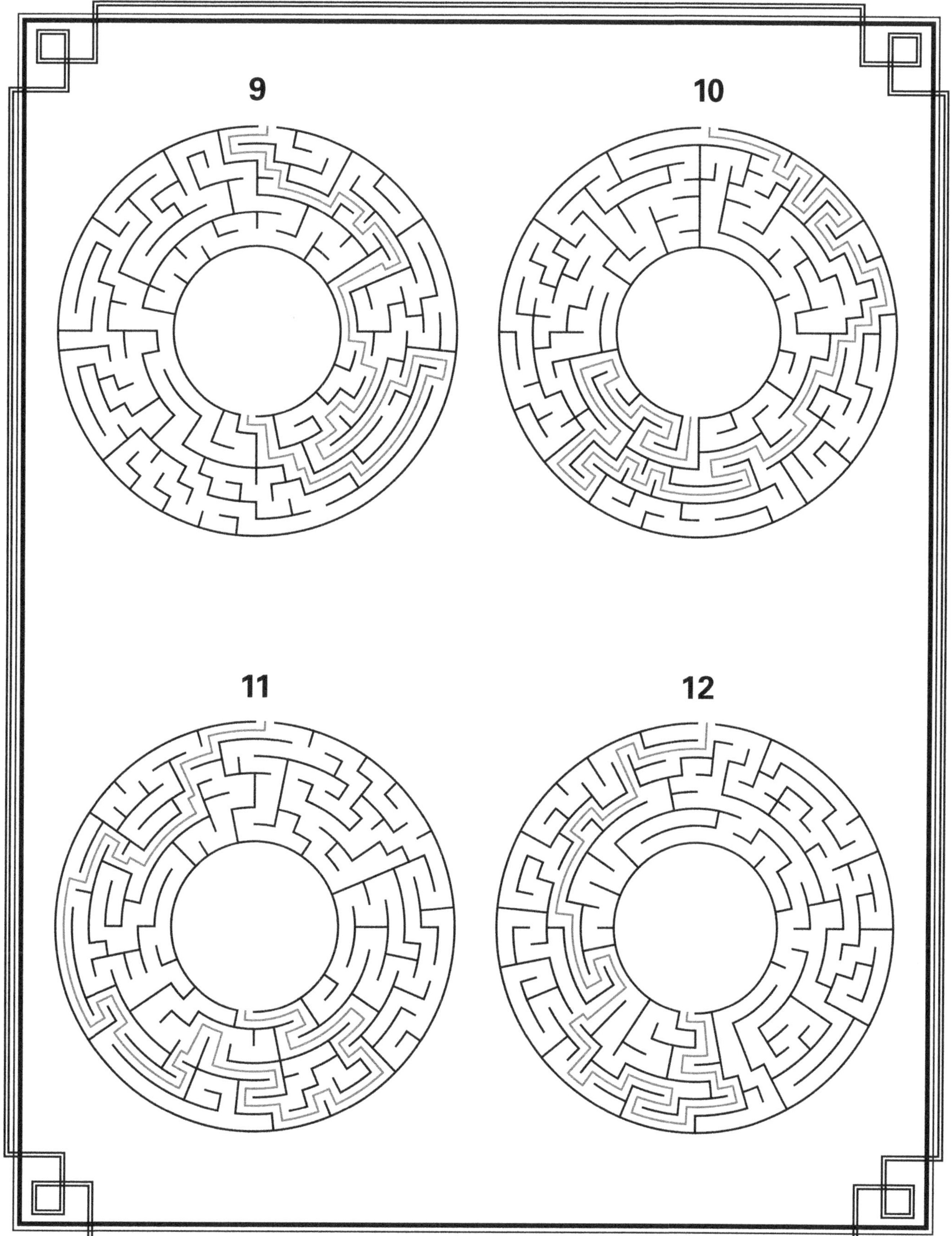

9
10
11
12

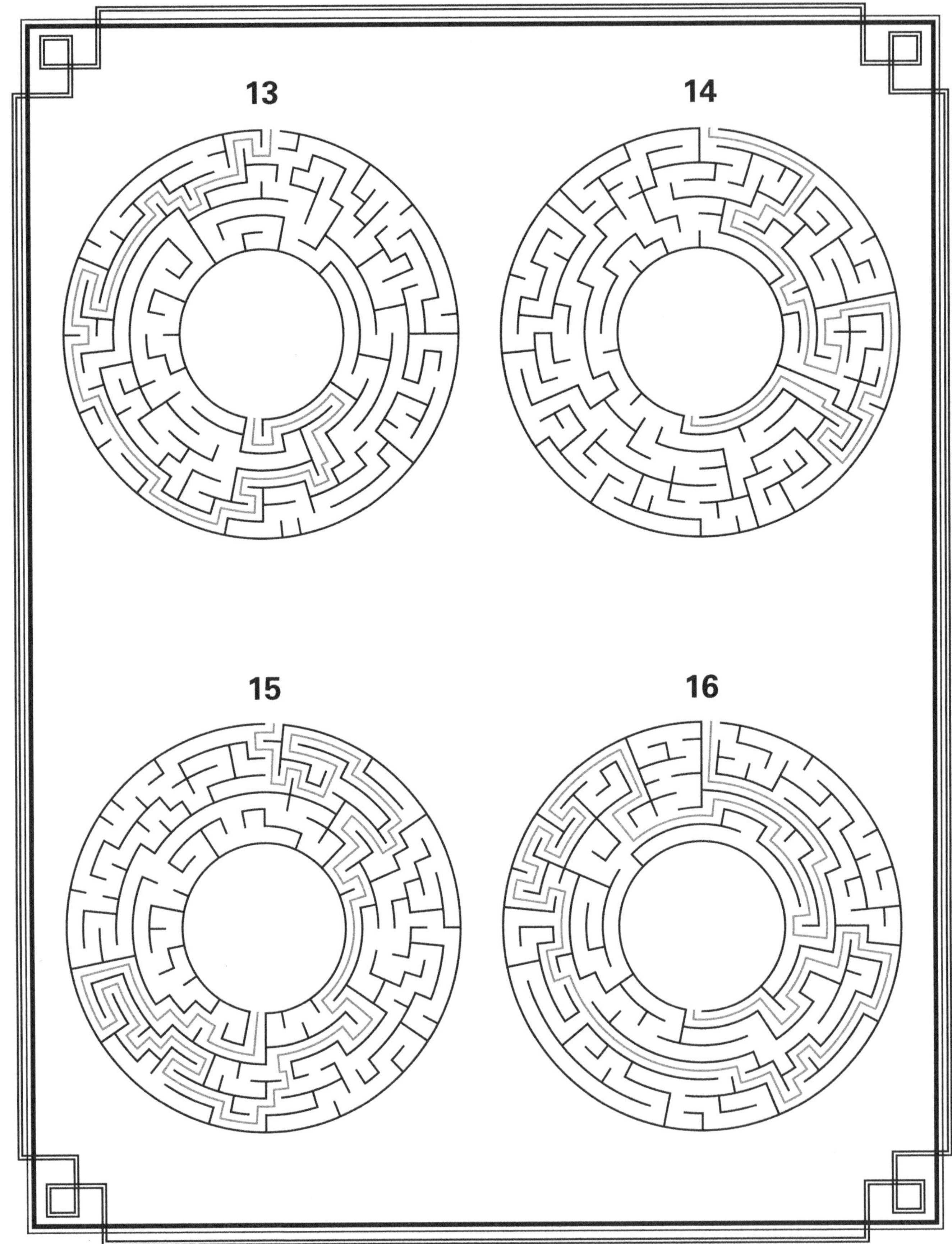

13
14
15
16

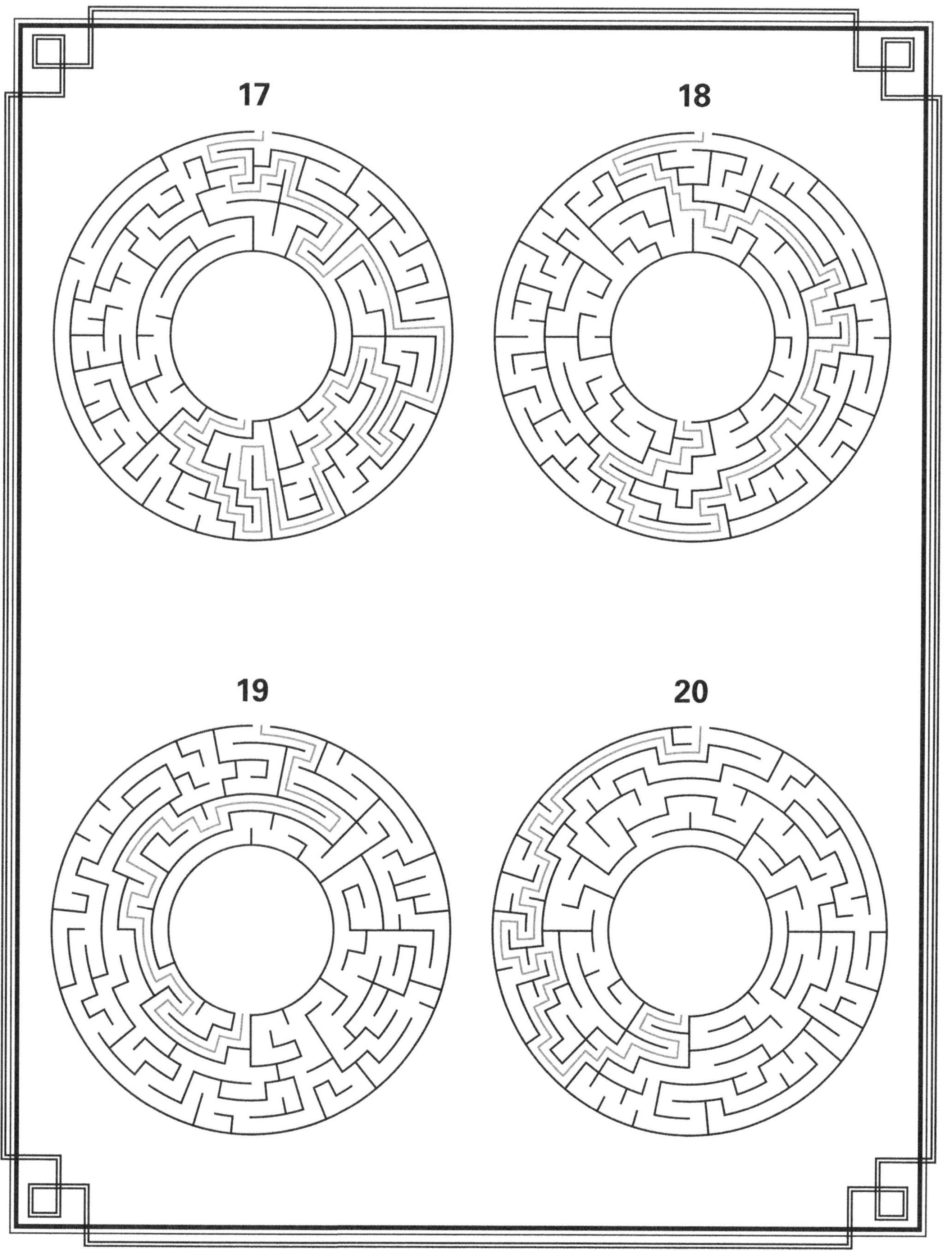
17
18
19
20

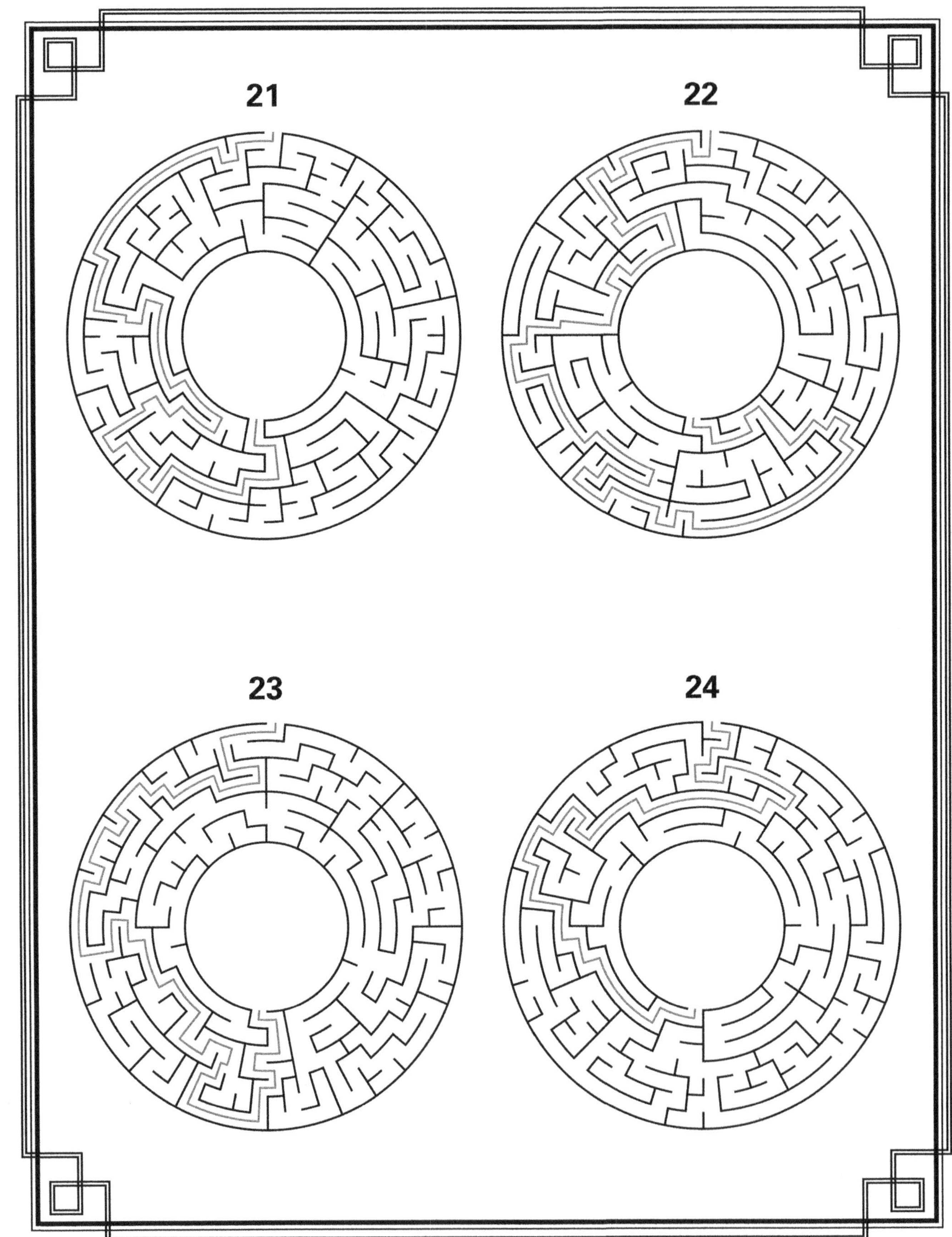
21
22
23
24

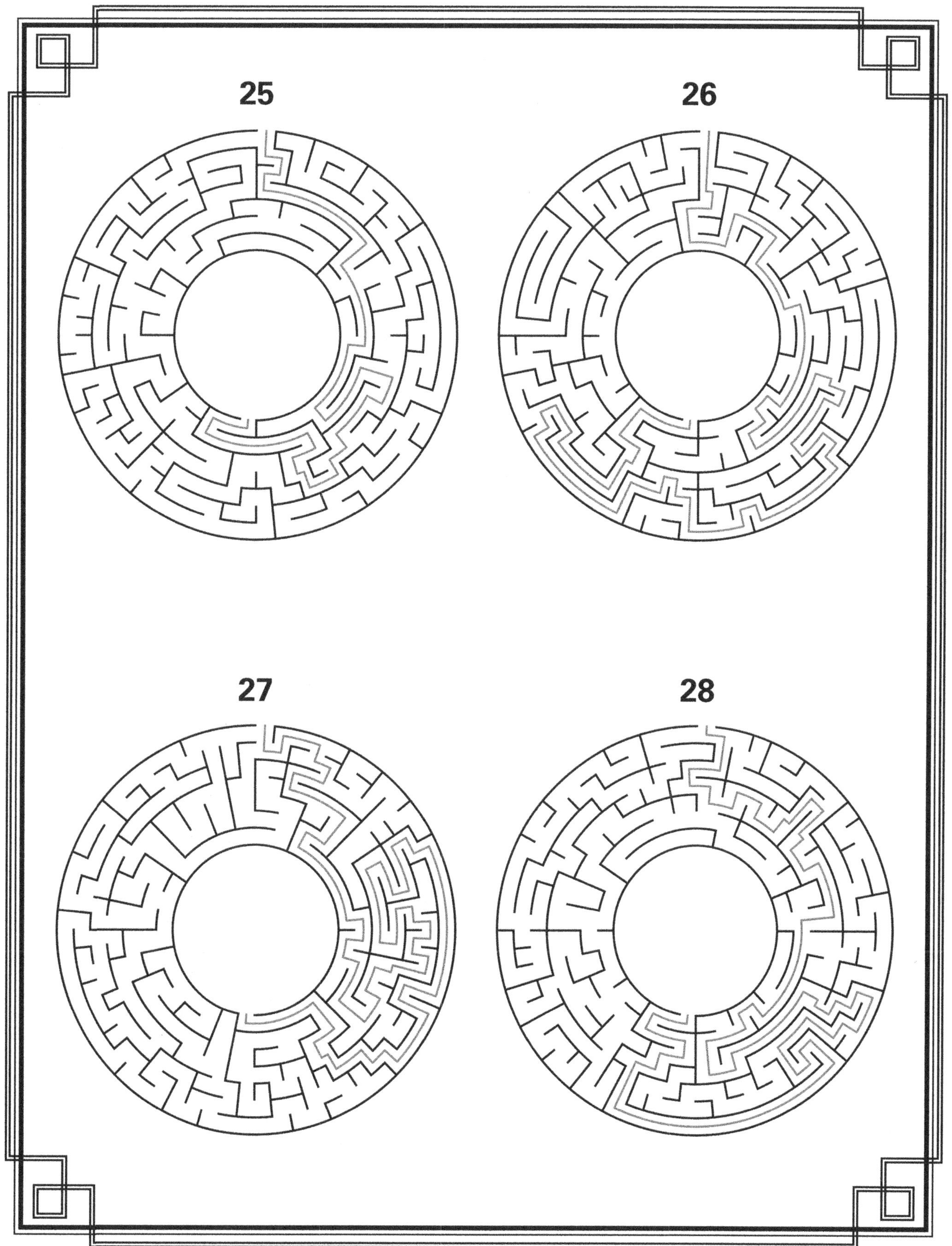

25
26
27
28

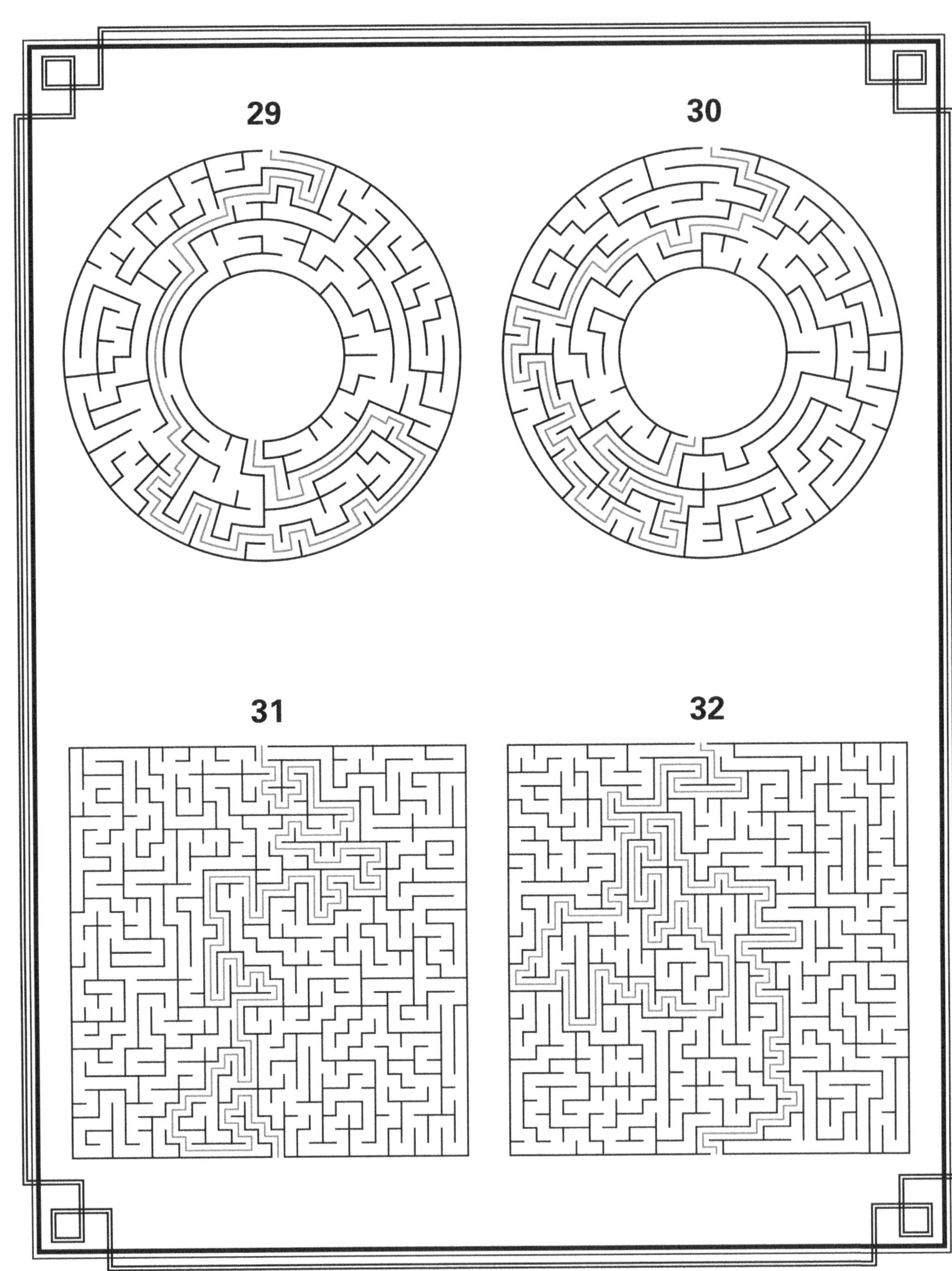

29

30

31

32

33
34
35
36

37
38
39
40

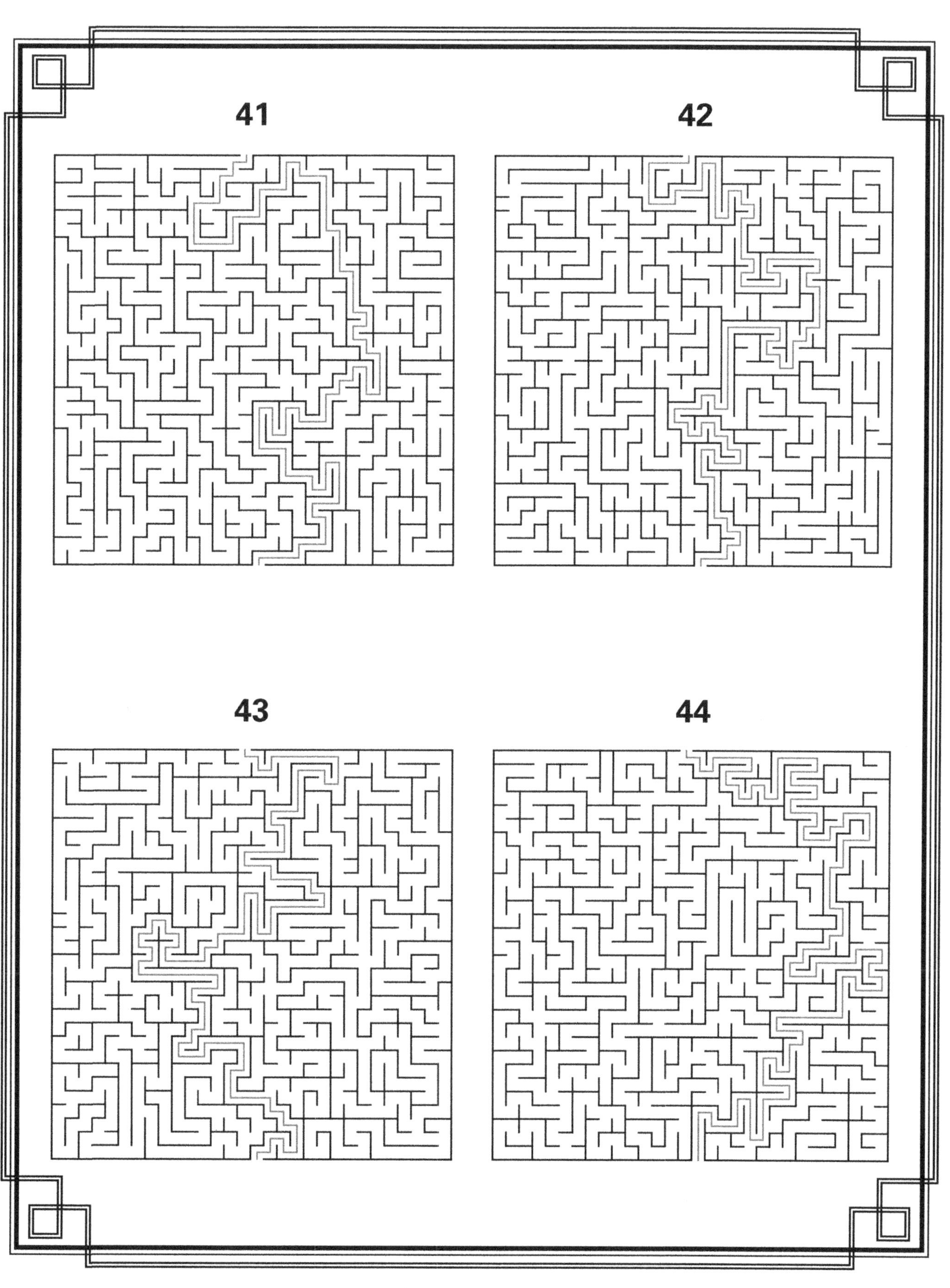

41
42
43
44

45

46

47

48

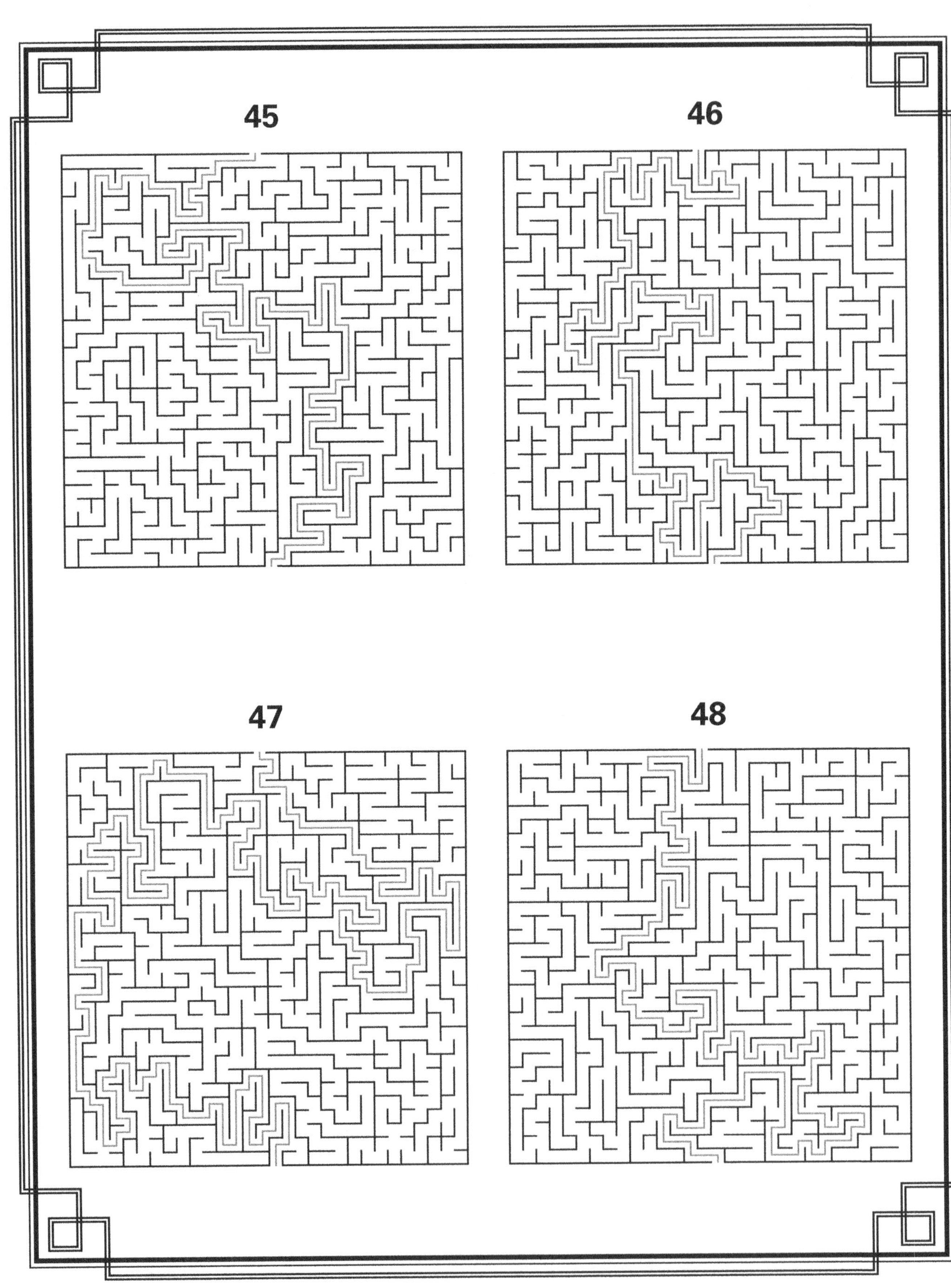

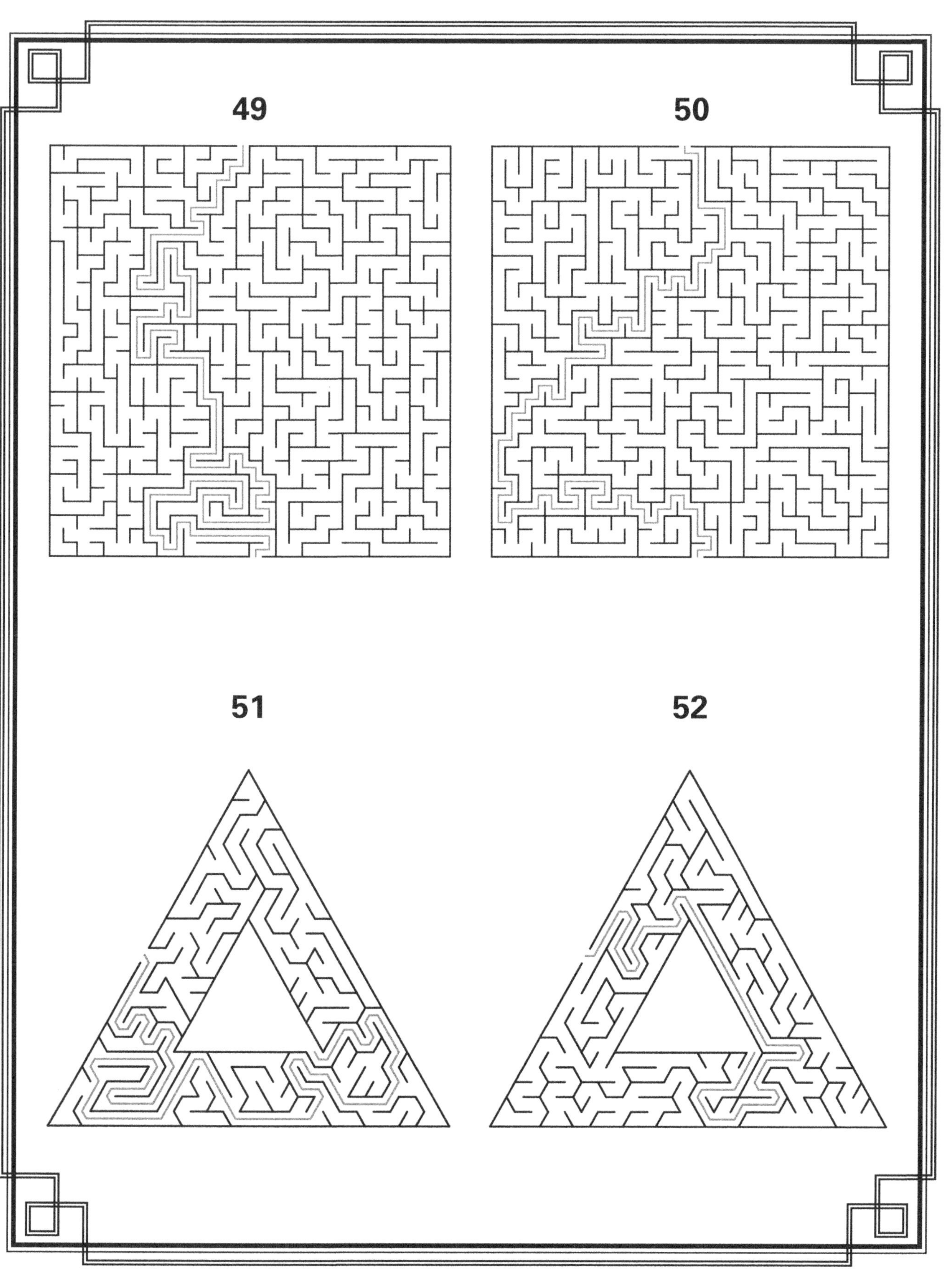

49
50
51
52

53
54
55
56

57
58
59
60

61

62

63

64

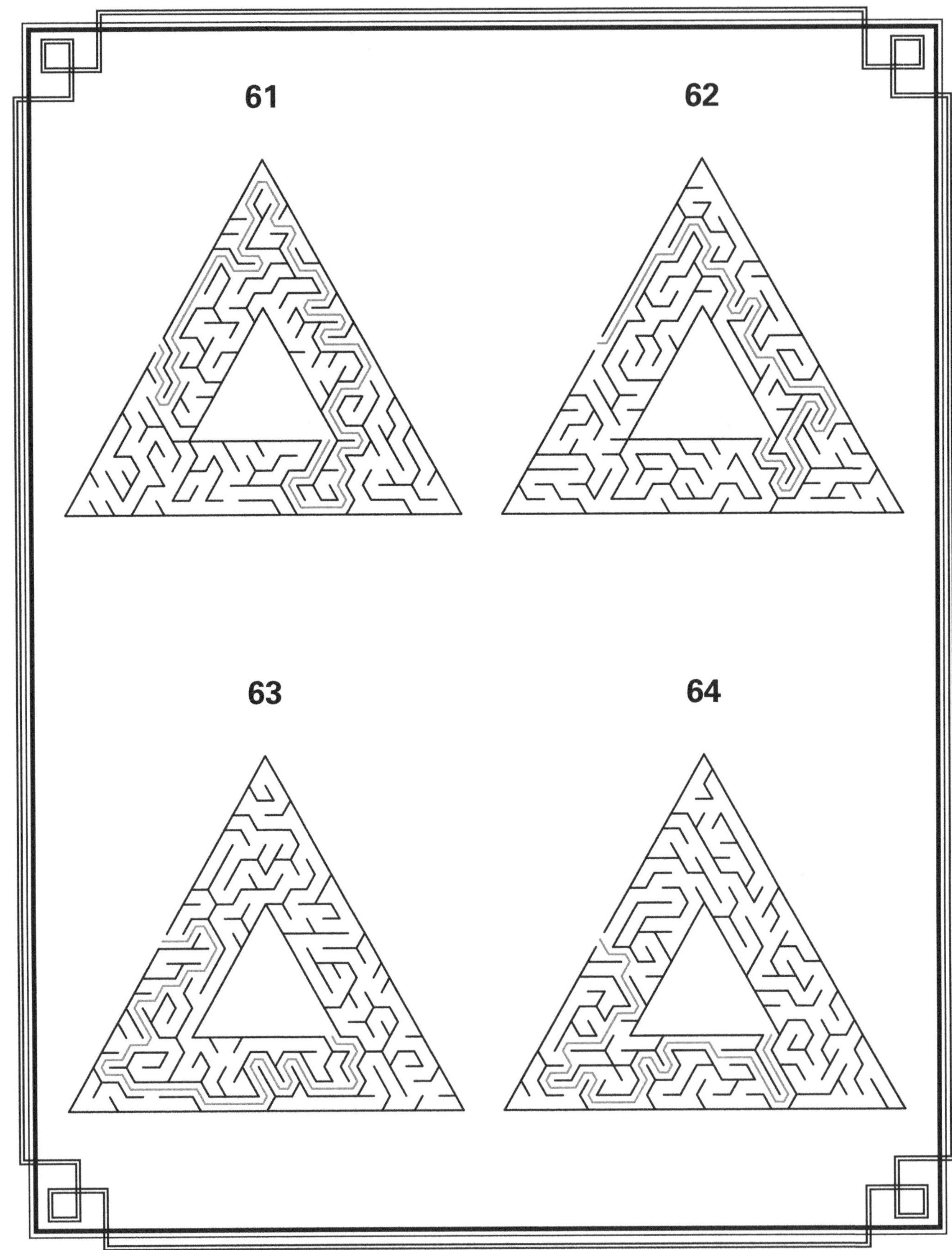

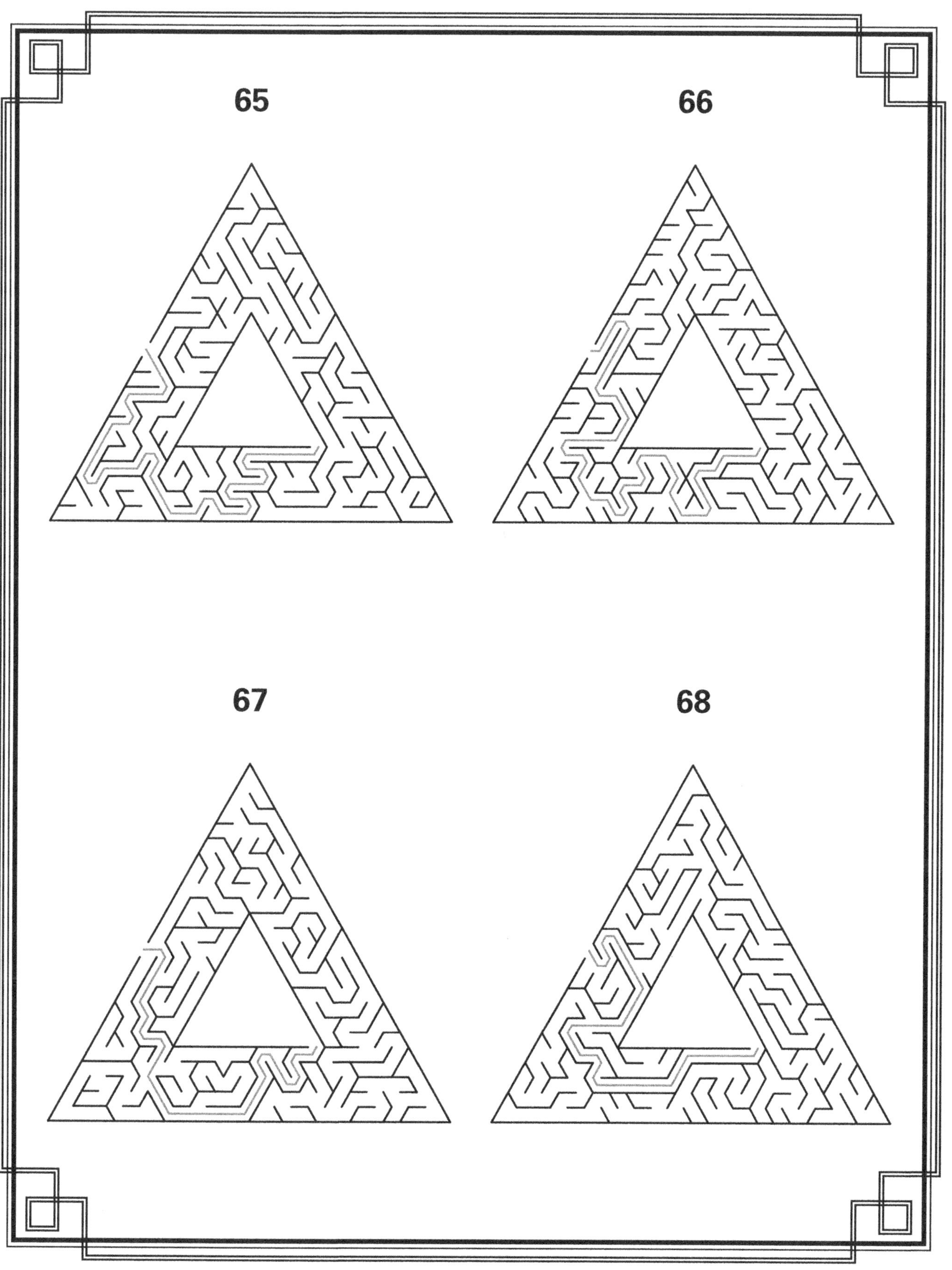

65
66
67
68

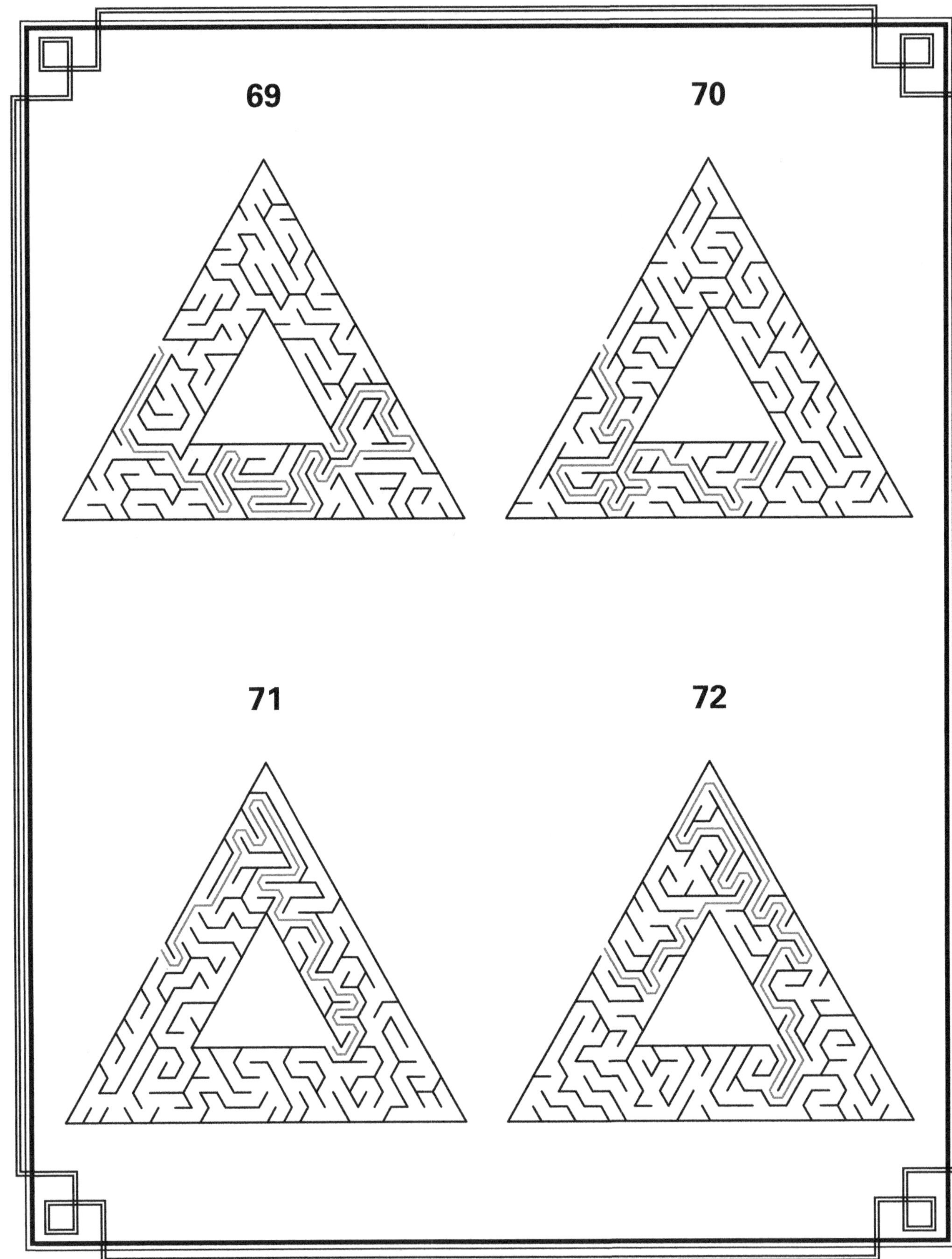

69
70
71
72

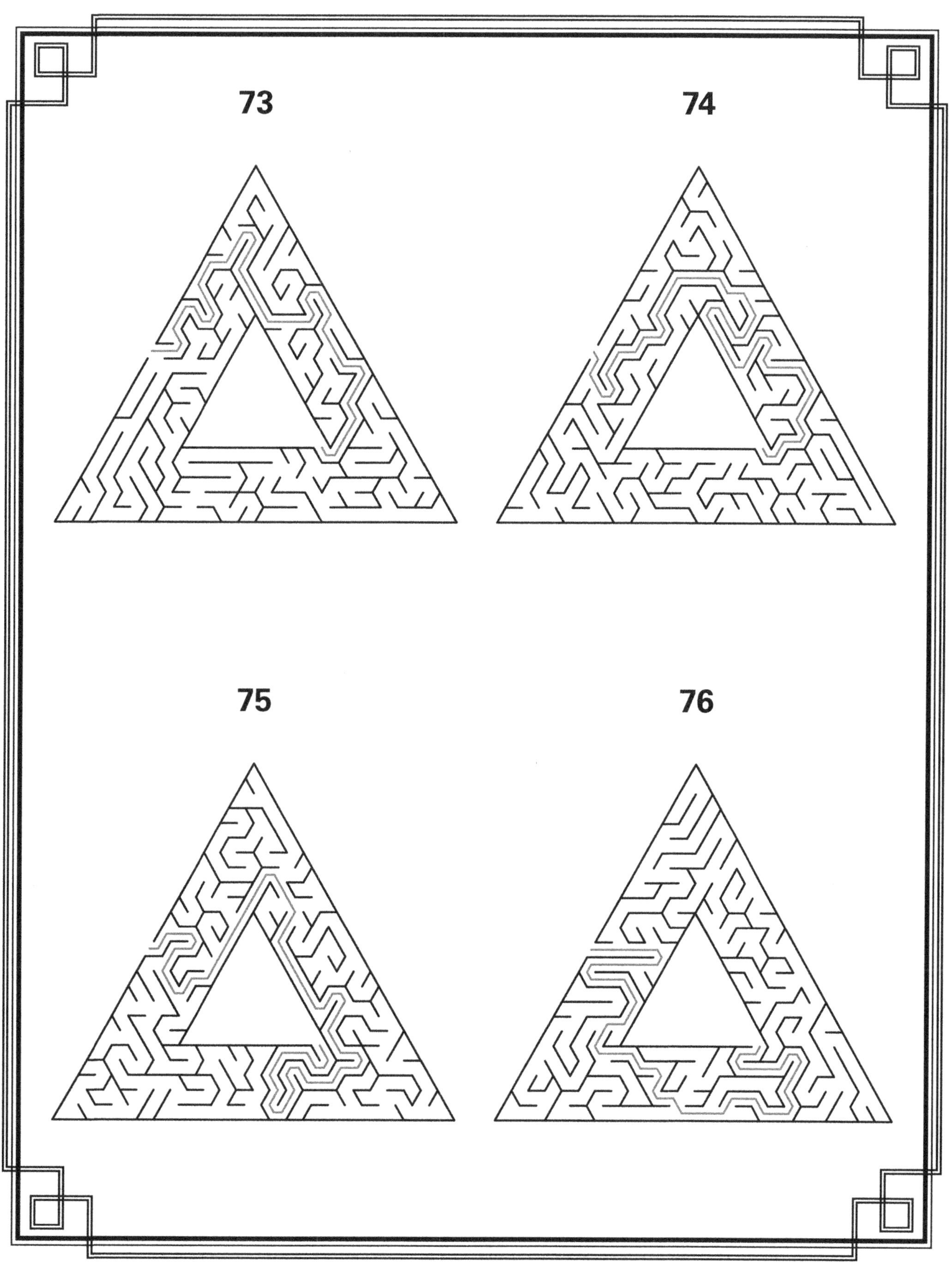

73

74

75

76

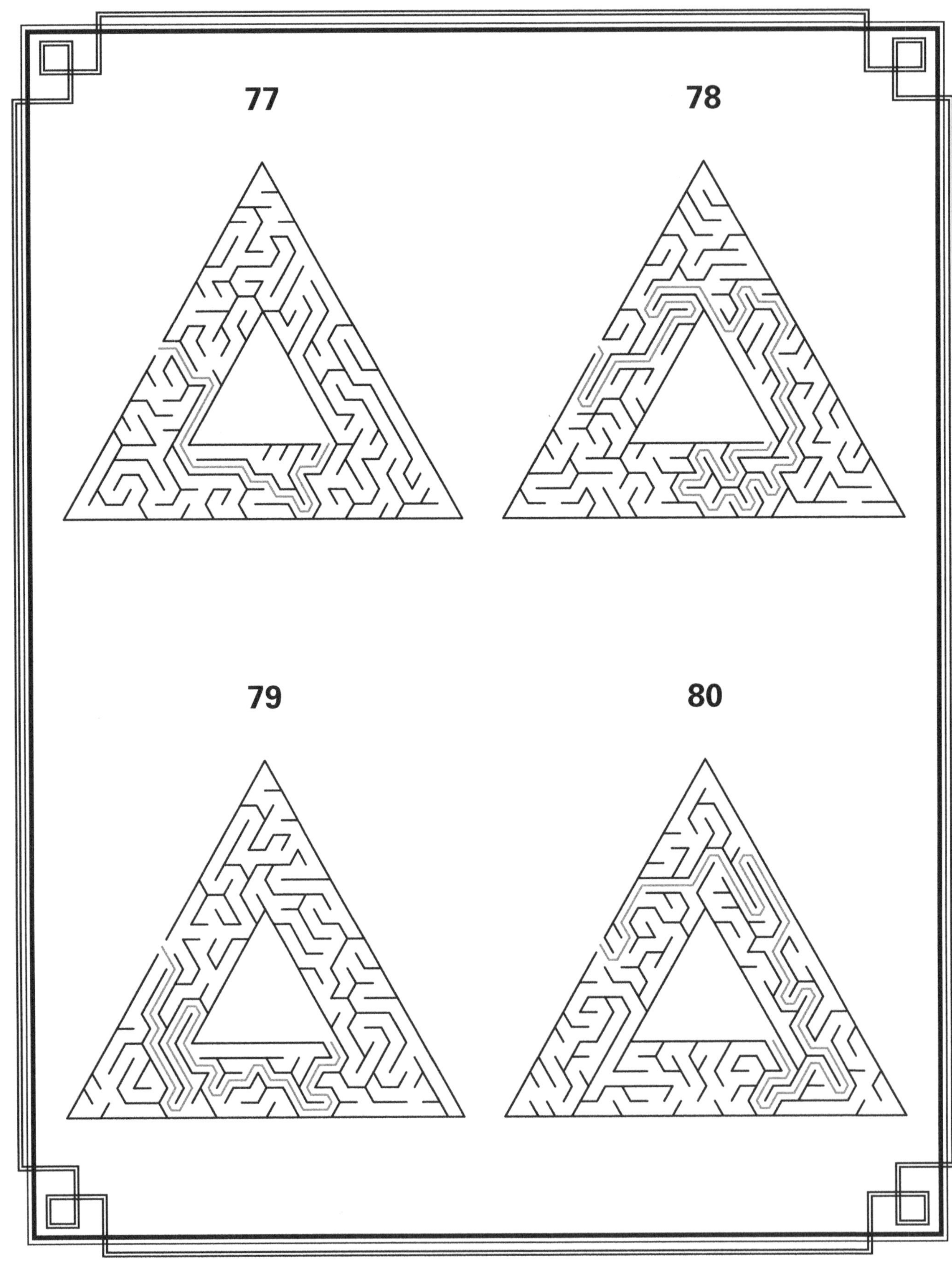

77
78
79
80

81
82

Made in the USA
Monee, IL
07 July 2026